A TEOLOGIA DA LIBERTAÇÃO MORREU?

Claudio de Oliveira Ribeiro

A TEOLOGIA DA LIBERTAÇÃO MORREU?

REINO DE DEUS E ESPIRITUALIDADE HOJE

2010

© Fonte Editorial

Capa e preparação:
EDUARDO DE PROENÇA

Formato 14x21 cm - 160 páginas

Dados Internacionais de Catalogação na Publicação (CIP)

Ribeiro, Cláudio de Oliveira
A Teologia da Libertação Morreu? - Reino de Deus e Espiritualidade Hoje/ Cláudio de Oliveira Ribeiro - São Paulo. Fonte Editorial. 2010

ISBN 978-85-63607-16-4

1. Conflito Social 2. Cristianismo 3. Espiritualidade 4. Igreja e o mundo 5. Igreja e pobres 6. Teologia da Libertação I. Título

08-03443   CDD 261.8

Proibida a reprodução total ou parcial desta obra, de qualquer forma ou meio eletrônico e mecânico, inclusive por meio de processos xerográficos, sem permissão expressa da editora.
(Lei nº 9.610 de 19.2.1998)

Rua Barão de Itapetininga, 140 loja 4
01042-000 São Paulo - SP
Tel.: 11 3151-4252
www.fonteeditorial.com.br
contato@fonteeditorial.com.br

Rua Padre Claro Monteiro, 342
12570-000 Aparecida - SP
Tel.: 12 3104-2000
www.editorasantuario.com.br
atendimento@editorasantuario.com.br

Sumário

Introdução...7

Cap.I - Aspectos da Teologia da Libertação nos anos 1980.....21

Cap.II - Perspectivas teológicas para o combate à idolatria......75

Cap.III - Uma espiritualidade bíblica nos dias de hoje............129

Considerações finais..157

INTRODUÇÃO

As transformações ocorridas na sociedade, tanto em âmbito mundial como continental, desafiam fortemente as igrejas e os cristãos, em especial em relação às formulações teóricas e as práticas pastorais inovadoras que se destacaram nas últimas décadas do século XX e que hoje parecem não serem mais os fatores que caracterizam a vivência religiosa em nossas terras. A teologia e a pastoral latino-americanas não ficaram isentas dos impactos proporcionados pelas mudanças socioeconômicas e políticas no final do século passado simbolizadas pela queda do "muro de Berlim". Em função disso, novos referenciais precisam ser descobertos para que a produção teológica possa ser aprofundada e adquira novos estágios cada vez mais relevantes. A tensão entre compreender e transformar o mundo não ficou isenta de simplificações para todos aqueles que temos trabalhado com a herança do marxismo ou formas similares de racionalismo político e social. O entusiasmo pelos esforços de transformação social impediu fortemente uma percepção mais definida de que o mundo mudou.

No espaço da *Revista Eclesiástica Brasileira* (REB), fiz tempos atrás algumas observações sobre a Teologia Latino-Americana que granjeou muitos elogios e críticas de leitores. O artigo "A Teologia da Libertação Morreu? Um panorama da Teologia Latino-Americana da Libertação e questões para aprofundar o debate teológico na entrada do milênio"[1] nos motiva essa reflexão, constituindo inclusive a primeira parte do trabalho e o título da obra.

Nossa compreensão é que para refletir sobre os atuais desafios que se apresentam à teologia e à pastoral no contexto latino-americano é necessário pressupor, ao menos, quatro aspectos. O primeiro deles trata das já referidas transformações nos campos político, social, econômico e cultural ocorridas na virada para os anos de 1990 e que até hoje exigem melhor compreensão. Tais mudanças fortaleceram o neoliberalismo econômico e desordenaram significativamente os processos de produção de conhecimento. Ao mesmo tempo vivemos o crescimento e o fortalecimento institucional de novos movimentos religiosos, em especial do pentecostalismo e das experiências de avivamento religioso.

Este pressuposto evidenciou um segundo aspecto, já igualmente engendrado desde os anos de 1980, relacionado com uma certa crise teórica nos setores teológicos. Ela precisa ser refletida em função das conexões necessárias que advogamos entre teoria (teológica) e prática (pastoral). Um terceiro pressuposto reside no fato de que as práticas pastorais sobrevivem, indubitavelmente, sob impasses de diferentes naturezas e carecem de novos referenciais para um processo de renovação. Um último aspecto são os desafios e possibilidades de refazimento de utopias. Trata da crise teológica e pastoral em seu aspecto dialético, ou seja, portadora de novas realidades e de novos caminhos de aprofundamento.

Aspectos da realidade socioeconômica

Os anos de 1990 foram marcados pela globalização econômica e pela exclusão social. Não é possível, pelos limites desse trabalho, uma abordagem detalhada do quadro econômico. Todavia, é importante destacar ao menos alguns consensos de diferentes e recorrentes análises do campo social.[2]

As práticas políticas e econômicas vistas no Brasil e na América Latina são coerentes com as políticas neoliberais estabelecidas em todo o mundo. A própria expressão "Terceiro Mundo" não constitui mais forma adequada para descrever o mundo pobre, em função do fato de a internacionalização do mercado estar desenhando um mapa inteiramente novo. Na atualidade, novas fronteiras de uma ordem econômica estão sendo estabelecidas e essas fronteiras reforçam a exclusão social. A força dominante no mundo atual é o mercado. Os países que são capazes para participar no mundo do mercado são aqueles aptos a produzir e consumir. Caso contrário, eles estão fora da dinâmica econômica. Os Estados têm sido incapazes de mudar as leis de mercado ou influenciar o sistema global. A ideologia neoliberal, disseminada por intermédio da globalização da informação, faz com que os povos acreditem que o mercado ou o consumo é a solução da humanidade. Isso leva as pessoas à não priorizarem os laços de solidariedade, tornando-as mais individualistas, fortalecendo, assim, preconceitos contra os pobres. A globalização econômica, por ser baseada em monopólios sustentados por grupos (e nações) dominantes, é, portanto, uma forma de sistema assimétrico.

No Brasil, a mesma lógica prevalece: as pessoas que são capazes de produzir e consumir estão dentro da lógica do mercado; aquelas tidas por "incapazes" tornam-se obstáculos ao "sucesso" do sistema. Elas não são "necessárias" e, dessa forma, são simplesmente excluídas. A tendência na sociedade é não se prover recursos financeiros nem mesmo tempo social para se dedicar à reflexão e ação sobre a situação na qual a massa crescente de pessoas pobres vive. Há uma nítida redução de gastos dedicados às políticas de integração social.

Nestor Canclini, na conhecida obra *Consumidores e Cidadãos: conflitos multiculturais da globalização,* indica que

a maneira neoliberal de fazer globalização consiste em reduzir empregos para reduzir custos, competindo entre empresas transnacionais, cuja direção se faz desde um ponto desconhecido, de modo que os interesses sindicais e nacionais quase não podem ser exercidos. A consequência de tudo isto é que mais de 40 % da população latino-americana se encontra privada de trabalho estável e de condições mínimas de segurança, que sobreviva nas aventuras também globalizadas do comércio informal, da eletrônica japonesa vendida junto a roupas do sudoeste asiático, junto a ervas esotéricas e artesanato local.[3]

Desde a derrocada do sistema socialista soviético, o neoliberalismo, o novo estágio que o capitalismo experimentou no final do século XX, tem sido apresentado como o único caminho para se organizar a sociedade. As conhecidas e controvertidas teses de Francis Fukuyama afirmam que o triunfo do capitalismo como um sistema político e econômico significou que o mundo teria alcançado o "fim da história".[4]

Sobre o neoliberalismo, como nova ordem econômica internacional, é possível elencar, de maneira sucinta, pelo menos três principais características. Primeiramente, a globalização da economia. Esta perspectiva relativiza as fronteiras nacionais que perdem a importância política, com o debilitamento do Estado. Segundo, a revolução tecnológica. Com ela houve um deslocamento do eixo central de acumulação de capital da propriedade privada para uma apropriação do conhecimento técnico e científico, denominado por alguns como propriedade intelectual. E, por fim, o deslocamento do eixo do Atlântico Norte, como bloco econômico hegemônico, para o Pacífico. Esse conjunto de mudanças fez com que a contradição entre capitalismo e socialismo – básica na ordenação política internacional até a década de 1980 – tivesse o sentido relativizado.

Esse novo estágio do sistema capitalista acentua a desvalorização da força de trabalho em função da automação e da especialização técnica e em detrimento das políticas sociais públicas. Forma-se, portanto, um enorme contingente de massas humanas excluído do sistema econômico e destinado a situações desumanas de sobrevivência ou passível de ser eliminado pela morte. Os ajustes sociais e econômicos implementados pelas políticas neoliberais geram degradação humana, perda do sentido de dignidade e consequentes problemas sociais das mais variadas naturezas. Contraditoriamente, em meio ao processo de globalização da economia e da informação, emergem, com maior intensidade, os conflitos étnicos, raciais e regionais no mundo inteiro. Portanto, as análises sociais precisam pressupor a reordenação internacional já referida, os efeitos do fim do 'socialismo real' e as mudanças no capitalismo internacional, em especial por suas propostas e ênfases totalizantes e hegemônicas que reforçam sobremaneira as culturas do individualismo e do consumismo exacerbados. Todos esses aspectos são arestas correlacionadas de uma mesma realidade e demarcam as discussões em torno dos temas teológicos e pastorais.

No campo social, as sociedades latino-americanas vivem processos que, embora variados, possuem em comum uma série de obstáculos para o exercício da cidadania. Além da realidade política e econômica, está o desenvolvimento de uma cultura da violência que, além da dimensão social, envolve os aspectos étnicos, raciais e de gênero. O Brasil e os demais países da América Latina vivem tal realidade intensamente. Soma-se a isto a violência a partir das ações do crime organizado, de justiceiros e de grupos de extermínio, e a degradação da vida humana com tráfico de crianças, comércio de órgãos humanos e prostituição.

É fato que, em termos políticos, há sinais que contradizem tal tendência. Mesmo que cada grupo ou opção política tenha diferentes avaliações em relação às suas atuações, é consenso afirmar que, nos últimos anos, diversos governos na América Latina assumiram e têm desenvolvido políticas cujo perfil se enquadra em um espectro mais 'à esquerda' do que seus antecessores. É o caso do Brasil, da Venezuela, do Chile, da Argentina, da Bolívia, do Equador e do Paraguai. As repercussões de tais políticas requerem uma análise à parte, mas elas têm gerado expectativas de mudança social. O mesmo se dá com alguns movimentos sociais, como, por exemplo, o Movimento de Trabalhadores Rurais Sem Terra (MST) no Brasil, articulações de povos indígenas na Bolívia e mobilizações populares diversas, em especial as que integram o Fórum Mundial Social em suas diferentes versões no Brasil e em outros países, cuja referência básica é que "um outro mundo é possível".

Mesmo assim, diante desse quadro, todos os agrupamentos que tinham direta ou indiretamente como referência as experiências e as utopias socialistas chegaram a, pelo menos, duas constatações: a primeira trata da ausência de um projeto global alternativo ao neoliberalismo; e a segunda refere-se ao conjunto de perplexidades em diferentes campos do conhecimento que, usualmente, passou a ser denominado "crise dos paradigmas".[5]

As transformações no campo religioso

As últimas décadas do século XX e a primeira do corrente desafiaram os cientistas da religião e teólogos, em especial pelas mudanças socioeconômicas e as implicações delas na esfera religiosa. O leque de influências filosóficas e teológicas é tamanho que se torna árdua tarefa até mesmo descrever o cotidiano doutrinário, teológico e prático de uma comunidade religiosa.

O fato é que a vivência religiosa no Brasil sofreu, nas últimas décadas, fortes mudanças. Alguns aspectos do novo perfil devem-se à multiplicação dos grupos orientais; à afirmação religiosa afro-brasileira; ao fortalecimento institucional dos movimentos católicos de renovação carismática; às expressões espiritualistas e mágicas que se configuram em torno da chamada Nova Era; e ao crescimento evangélico, em especial, o das igrejas e movimentos pentecostais. Todas estas expressões, além de outras, formam um quadro complexo e de matizes as mais diferenciadas.

Os limites deste trabalho, obviamente, permitem apenas uma visão panorâmica da situação religiosa no Brasil. Teólogos e cientistas da religião, ao analisarem especificamente o campo das igrejas e dos movimentos cristãos, indicam que há no crescimento numérico dos grupos uma incidência intensa e direta de vários elementos provenientes da matriz religiosa e cultural brasileira. Esta, como se sabe, é marcada por elementos mágicos e místicos, fruto de uma simbiose das religiões indígenas, africanas e do catolicismo ibérico.[6]

Em primeiro lugar, é necessário destacar que o processo de secularização vivido em meio à modernidade não produziu, como se esperava, o desaparecimento ou a atenuação das experiências religiosas. Ao contrário, no campo cristão, por exemplo, as formas pentecostais e carismáticas ganharam apego popular, espaço social e base institucional, tanto no mundo evangélico como no católico. Outras religiões também vivenciam, no Brasil e no mundo, momentos de reflorescimento.

Sobre a "explosão religiosa" atual há um outro aspecto relevante. Trata-se da influência na vivência religiosa de aspectos, não explicitamente religiosos, que formam a mentalidade da sociedade moderna no final do século XX, como é o caso das ênfases no consumo, na vida privada, na ascensão social e aspectos similares. Talvez isto explique, pelo menos em parte, o sucesso dos livros e ideias de autores bastante difundidos como Paulo Coelho e Lair Ribeiro, entre outros.

São muitos os detalhes dessa perspectiva e diversas são as práticas a ela relacionada, o que dificulta as sínteses. Sob o nome de Teologia da Prosperidade – correndo o risco de simplificações - podemos agrupar visões religiosas como a "Confissão Positiva" (não aceitação da fragilidade humana), o "Rhema" (poder direto de Deus concedido pessoalmente aos crentes), a "Batalha Espiritual" (deslocamento religioso para explicações dos projetos históricos) e a "Vida na Bênção" ou "na Graça" (transferência da escatologia para a vida terrena).

Neste sentido, destacam-se as "religiões de mercado" bastante evidenciadas em propostas no campo pentecostal, tanto nas vertentes evangélicas como católica. A temática do mercado remonta à relação entre teologia e economia que vem sendo trabalhada por diversos autores como Franz Hinkelammert, Hugo Assmann, Julio de Santa Ana e Jung Mo Sung.

No entanto, não é somente no campo cristão que esse fenômeno se manifesta. Diferentes religiões, incluindo as de natureza afro-brasileira, possuem vertentes que advogam formas de uma "espiritualidade de consumo", cujo caráter intimista, individualista e marcado pela busca de respostas imediatas para problemas pessoais ou familiares concretos revela-se na troca de esforços humanos (ofertas materiais e financeiras, atos religiosos como orações, bênção de objetos materiais e outros) por um retorno favorável aos desejos e necessidades humanas por parte do divino. Uma simples observação dos meios de comunicação social possibilita constatar o aumento do número de programas que utilizam os sistemas "0800" e "0900" para fins religiosos. Todo esse quadro está em sintonia com as transformações sociopolíticas, econômicas e culturais em todo o mundo.

Em relação ao fortalecimento do pentecostalismo, é possível afirmar que este fenômeno tem sido indicado como o mais relevante quanto às transformações religiosas no País. A importância do crescimento do movimento evangélico se dá, entre outras razões, pela possibilidade de ele estabelecer-se, nas próximas décadas, como uma alternância da hegemonia no campo religioso, historicamente pertencente ao catolicismo. Além disso, chama a atenção o destaque social alcançado pelos grupos evangélicos, em especial no campo político e das comunicações.

Nas universidades e em institutos de pesquisa têm-se multiplicado as análises sobre esse crescimento, além do aumento de programas no rádio, na televisão, e de jornais, revistas e literatura diversa. Cresceu a importância social dos evangélicos no País, com consequências benéficas e/ou desastrosas, que variam de acordo com o contexto ou com a perspectiva em que se olha a questão. Análises e documentários na TV têm dedicado atenção a esse fenômeno, com destaque para as formas inéditas de mobilização da população, participação político-partidária e ações diversas no campo artístico, cultural e social.

É fato que o esforço para compreensão das experiências pentecostais tem sido, na maior parte das vezes, restrito ao universo interno das igrejas. Ou seja, para se encontrarem as razões de crescimento do movimento pentecostal é listada, em geral, uma série de limitações da vivência interna das igrejas tradicionais – protestantes ou católica –, com ênfase no campo doutrinal e litúrgico. De fato, há forte reação dos movimentos de avivamento espiritual ao racionalismo presente nas igrejas tradicionais. Todavia, as últimas décadas têm revelado inúmeras transformações na sociedade em geral com forte relação com a religião, das quais o movimento pentecostal não pode estar desassociado. Por isso, os horizontes de interpretação necessitam ser alargados.

Desde meados da década de 1970, diferentes movimentos religiosos — cristãos e não cristãos — vêm intervindo na esfera social e política a partir de projetos próprios de hegemonia.[7] O espaço de atuação desses movimentos tem sido a crise das ideologias e utopias seculares, já engendrada desde essa época. À medida que aumenta o desencanto com as perspectivas de transformação político-social, surgem propostas religiosas de "reconstrução do mundo", com diferentes enfoques.

O Brasil, assim como os demais países latino-americanos, sofrem influências de projetos de recristianização. No campo católico, são visíveis as políticas exercidas pela Cúria Romana para fortalecer movimentos que reforcem a institucionalidade católico-romana. Na medida em que os movimentos, em especial os de renovação carismática, mobilizam pessoas com uma proposta religiosa intimista e de fácil assimilação no mundo moderno, eles passam a ser instrumentos privilegiados de recristianização. Esta forma também constitui, para a Igreja

Católica, uma reação ao crescimento evangélico, em geral, e o pentecostal, em particular. Trata-se de uma postura de assimilação, uma vez que algumas das ênfases cúlticas e doutrinárias dos grupos carismáticos assemelham-se bastante às do pentecostalismo. No campo protestante, os esforços para visibilidade social constituem igualmente um projeto de (re)cristianização da sociedade.

Ao lado disso, devemos afirmar que o crescimento numérico do pentecostalismo deve-se, entre outros fatores, à sua profunda relação com a matriz religiosa e cultural brasileira, como o uso, por exemplo, de objetos como mediação do sagrado. Além desse aspecto, destaca-se também a maior sintonia das novas igrejas e movimentos pentecostais com a realidade urbana. Não há os limites geralmente encontrados no sistema paroquial da Igreja Católica, os templos permanecem abertos durante todo o dia e em diferentes lugares, as exigências para participação eclesial e de moralidade não são tão rígidas, o que facilita uma adesão considerável.

Outro aspecto a ser destacado é que o crescimento evangélico no Brasil tem reduzido a religião em cultura. As possíveis explicações desse fato seriam que as expressões religiosas de massa, na maior parte das vezes, perdem o núcleo central (religioso) da fé e ganham formas (culturais) mais acessíveis de comunicação. Uma outra razão é que o mercado e a indústria cultural descobriram o potencial de consumo do mundo evangélico. No campo católico, o mesmo se dá com os movimentos de renovação carismática.[8]

A multiplicação de grupos e expressões religiosas não cristãs e o crescimento vertiginoso do pentecostalismo têm motivado pesquisas e mobilizado a opinião pública, uma vez que incidem diretamente no comportamento social e cultural do povo brasileiro. Para o tempo presente, maiores esforços de compreensão e análise precisam ser realizados.

Nessa obra, procuro oferecer uma crítica à Teologia da Libertação, efetuada "de dentro" e em compromisso com seus princípios práticos e teóricos fundamentais, sobretudo a preferência que o Evangelho nos exige que se dê às pessoas pobres. Também uma crítica à Teologia da Prosperidade estará em nossa perspectiva, uma vez que ambas compõem um amálgama bastante singular da realidade sociorreligiosa brasileira. O objetivo principal é apresentar avaliações críticas a fim de identificar absolutizações e reducionismos metodológicos em nosso contexto teológico. Além disso, ainda que modestamente, indico possibilidades de alargamento teológico. Essas duas tarefas são feitas a partir do diálogo com o pensamento do renomado teólogo Paul Tillich (1886-1965). Esse é o foco do segundo capítulo, que intitulei "Perspectivas teológicas para o combate à idolatria".

"Um sonho a mais não faz mal"

Nos últimos anos, tenho escrito vários textos analisando o método teológico e a conjuntura social, das igrejas e da prática pastoral. Reconheço que a marca tem sido um tanto quanto "amarga".[9] Como pastor e teólogo, entendo que somos anunciadores da esperança e análises criteriosas são necessárias, mas não devem ser imobilizadoras. Sonhos e proposições de caminhos são igualmente importantes.

Ao meu "azedume" associei a descoberta de que não somente a perplexidade caracteriza a conjuntura social, política e eclesial. Há uma série de experiências, incipientes e localizadas, que são "fios de um tecido em construção".[10] Acompanhando as reflexões políticas e econômicas que se deram no Fórum Mundial Social, desde a sua primeira versão em Porto Alegre-RS, em 2001, há uma série de reflexões teológicas e pastorais que indicam "um outro mundo possível".[11]

Parcela significativa das questões pastorais ou políticas advém do contexto de crise, mas, não podem jamais ser compreendidas meramente em uma perspectiva negativa. Ao contrário, são indicadoras de uma nova etapa, de recriação e de aprofundamento dos processos políticos e teológico-pastorais.

Boa parte destas questões, provavelmente a maioria delas, não encontrará resposta de imediato. Talvez, seja necessário um longo e árduo processo de maturação e de gestação de novas práticas e perspectivas. Todavia, ao indicar questões estão sendo lançados alguns dos alicerces para maior densidade e profundidade na compreensão da realidade e na produção teológica latino-americana. Em síntese, serão indicadas, de forma panorâmica, temáticas que consideramos relevantes e desafios teológicos e pastorais na atualidade, como a necessidade de articulação de perspectivas teológicas distintas e a importância da dimensão ecumênica e de questões de cidadania, gênero e etnia para as reflexões teológicas atuais.

Notas da Introdução

[1] *Revista Eclesiástica Brasileira,* 63(250), abril 2003, pp. 320-353. Além dele, veja "Una terra per la TdL: La Teologia della Liberazione al tempo del neoliberismo". *Adista* (86) – Contesti (10), Nov. 1999, pp. 2-8.

[2] Cf. FORRESTER, Viviane. *O Horror Econômico.* São Paulo-SP, Ed. UNESP, 1997. Veja também: IANNI, Otávio. *Teorias da Globalização.* 2 ed. Rio de Janeiro-RJ, Civilização Brasileira, 1996 e BAUMAN, Zygmunt. *Globalização: as consequências humanas.* Rio de Janeiro-RJ, Jorge Zahar Editora, 1999 [1998].

[3] Rio de Janeiro-RJ, UFRJ, 1996, p. 18.

[4] Cf. *O Fim da História e o Último Homem.* Rio de Janeiro-RJ, Rocco, 1992.

[5] Para o caso das ciências da religião veja VV. AA. *Novos paradigmas. Ensaios de Pós-graduação/Ciências da Religião,* 1(1), nov. 1995; e da teologia veja FABRI DOS ANJOS (org.). *Teologia e novos paradigmas.* São Paulo-SP, Soter & Loyola, 1996; e *Teologia aberta ao futuro.* São Paulo-SP, Soter & Loyola, 1997.

[6] Para isso veja BITTENCOURT FILHO, José. *Matriz Religiosa Brasileira: religiosidade e mudança social.* Petrópolis-RJ, Vozes, 2003.

[7] Gilles Kepel, no livro *A Revanche de Deus* (Ed. Siciliano, 1992), analisa movimentos religiosos que, a partir dos anos de 1970, têm implementado propostas de recristianização, rejudaização e reislamização da sociedade.

[8] Para isso, veja o texto de José Comblin "Nós e os outros: os pobres frente ao mundo globalizado". (Especialmente o item "A nova face da religião popular"). In: SUESS, Paulo (org). *Os Confins do Mundo no Meio de Nós.* São Paulo-SP, Paulinas, 2000, pp. 113-133, e a obra CUNHA, Magali do Nascimento. *A Explosão Gospel: um olhar das ciências humanas sobre o cenário evangélico no Brasil.* Rio de Janeiro-RJ, Mauad X, 2007. Para os aspectos sociológicos, veja entre outras análises, ORO, Ari Pedro. *Avanço Pentecostal e Reação Católica.* Petrópolis-RJ, Vozes, 1996.

[9] Uma primeira reflexão foi ainda na década passada em "Novos Desafios para um Novo Milênio: reflexões em torno da teologia e da pastoral latino-americanas". *Perspectiva Teológica,* 27(72), mai-ago 1995, pp. 189-212. Outro texto característico dessa marca é o já referido "A Teologia da Libertação Morreu?" Op.cit.

[10] Este é título da revista *Tempo e Presença,* 17(282), jul-ago 1995. Neste número, encontra-se uma série de artigos sobre microexperiências eclesiais, sociais, educativas e políticas no Brasil que incidem no processo de transformação social.

[11] *Teologia para Outro Mundo Possível* é o título do livro, organizado por Luiz Carlos Susin, que reúne tais reflexões (São Paulo-SP, Paulinas, 2006).

20

CAPÍTULO I

ASPECTOS DA TEOLOGIA DA LIBERTAÇÃO NOS ANOS DE 1980

Introdução

A teologia e a filosofia latino-americanas representam indubitavelmente uma das grandes contribuições ao pensamento contemporâneo na segunda metade do século XX. Os centros de formação teológica na Europa e nos Estados Unidos da América, por exemplo, assim como o movimento ecumênico internacional, tiveram os olhos voltados, a partir dos anos de 1970, para a produção teológica latino-americana. Os efeitos dessa perspectiva teológica no quadro social, político e eclesial latino-americano são diversos e foram registrados de maneira ampla e variada.

Todavia, com as transformações nos campos socioeconômico, político e cultural próprias da década de 1990, surgiu uma série de interrogações em torno da capacidade da Teologia da Libertação em refletir adequadamente sobre o novo quadro. O mesmo se deu em relação às práticas eclesiais e políticas ligadas a essa perspectiva teológica. Variados grupos insistiram nas perguntas sobre a vitalidade do referido movimento socioeclesial.[1] Quais seriam, portanto, as avaliações mais justas e apuradas sobre o quadro da Teologia Latino-Americana? Quais seriam as questões metodológicas e de conteúdos que estão a ela apresentadas que poderiam ser compreendidos como elementos propiciadores de um processo de renovação teológica?

21

No diálogo com grupos de teólogos/as latino-americanos/as, católicos e protestantes, setores acadêmicos e pastorais do Brasil e do exterior, estudantes de uma nova geração que não viveram a renovação eclesiológica e teológica das décadas anteriores surge sempre a pergunta: "A Teologia da Libertação está viva?" Nessas páginas, uma parcela desse debate encontra-se presente. Outras considerações certamente circulam nos vários espaços de reflexão teológica e serão sempre bem-vindas.

Para apresentar um panorama da Teologia Latino-Americana da Libertação três passos serão seguidos. O primeiro será a indicação dos principais aspectos históricos e teológicos da Teologia da Libertação, com vários destaques. Um deles será para as suas referências bibliográficas básicas, tanto aquelas consideradas como de fundação e/ou promoção dos conteúdos e metodologia, como as de avaliação desses mesmos aspectos. Serão destacadas também as condições históricas, sociais e eclesiais que possibilitaram essa inovação teológica e os temas-chave dos anos de 1980.

O segundo passo se constituirá da apresentação de alguns aspectos críticos e de avaliação surgidos no interior da própria Teologia da Libertação, cujo conteúdo contribui para melhor compreensão do tema ora em questão, ou seja, para a tarefa de estabelecer um panorama da relação entre Reino de Deus e história na Teologia da Libertação nos anos de 1980. A partir de diferentes autores, serão priorizados os seguintes aspectos: os riscos de reducionismos metodológicos e de dogmatismos na Teologia da Libertação (Juan Luis Segundo); a dificuldade dela em se confrontar com a conjuntura e a estrutura social (Hugo Assmann); a ausência da economia nas análises da Teologia da Libertação (Jung Mo Sung); a necessidade de revisão teológica a partir do "círculo hermenêutico" (Julio de Santa Ana); e a urgência de uma nova caminhada de libertação (José Comblin); entre outros aspectos.

Após essas reflexões, será dado um terceiro passo ao relacionar mais diretamente a Teologia da Libertação, o marxismo e as experiências concretas do socialismo. Em relação ao marxismo, os anos de 1980 foram marcados pela polêmica em relação à "Instrução sobre alguns aspectos da Teologia da Libertação", publicada pelo Vaticano por intermédio da Sagrada Congregação para a Doutrina da Fé (1984). Todavia, a maior parte da intelectualidade que acompanhou o processo avaliou que a forma como a polêmica foi conduzida, assim como o conteúdo do documento em questão, revelavam uma compreensão bastante distorcida do que seriam o marxismo e a Teologia da Libertação. Nesse sentido, para as reflexões propostas para esse capítulo não serão considerados os pormenores desse processo, ainda que ele tenha marcado significativamente os debates teológico-pastorais nos anos de 1980. Interessa, sobretudo, não a polêmica, mas, sim, o debate que anteriormente já se dava entre teólogos da libertação e cientistas sociais sobre a utilização do marxismo pela Teologia da Libertação, em especial pela crítica às limitações desse instrumental para a compreensão de aspectos da realidade e pela associação dele com uma visão totalitária. Em relação às experiências socialistas, serão analisados os relatos de viagens de renomados teólogos da libertação a países socialistas, feitas na segunda metade da década de 1980.

As análises, nesses três momentos descritos, reunirão os esforços de aglutinação de elementos bibliográficos a partir de dois polos. O primeiro trata da seleção e (re)leitura das principais obras sobre o tema, já observadas nos últimos décadas de estudos e de interesse pessoal no campo da teologia – tarefa por demais agradável e marcada por subjetivas lembranças. As leituras, agora sob novo e mais objetivo enfoque, estão somadas a outro polo. Por escolha metodológica, as análises a seguir deverão revelar também um conjunto de ideias sobre o tema a partir de duas revistas teológicas brasileiras de grande envergadura: *Revista Eclesiástica Brasileira [REB]* (Petrópolis-RJ) e *Perspectiva Teológica* (Belo Horizonte-MG). Trata-se de um igualmente prazeroso "passeio" pelos números dessas publicações em um período de vinte anos. Outras fontes também estão somadas nessa análise.

1. Aspectos históricos e teológicos da Teologia da Libertação

A seguir estarão apresentados apenas alguns pontos que caracterizam a Teologia da Libertação, sem contudo expressar o conjunto do quadro histórico-metodológico dessa perspectiva teológica, uma vez que este não representa os objetivos do trabalho. Por outro lado, uma visão pormenorizada sobre a Teologia da Libertação seria uma tarefa árdua, uma vez que o alcance e a divulgação da produção teológica em questão tomaram proporções consideráveis que encontram-se à disposição em numerosas teses nos fóruns acadêmicos no Brasil e no exterior, além de inúmeros artigos e obras que marcaram ou versaram sobre a Teologia da Libertação no âmbito da América Latina.

Além do caráter didático necessário para a comunicação com as novas gerações de estudantes, está o fato que não se pode pensar o presente e o futuro sem uma interpretação, a mais adequada possível, do passado.

1.1. Referências bibliográficas básicas

A Teologia da Libertação possui obras de referência que marcaram a sua fundação, o seu desenvolvimento teórico e a divulgação de seus postulados básicos, tanto metodológicos como de conteúdo. Outras tantas foram produzidas para analisar as implicações do método teológico latino-americano, avaliar o alcance dessa proposta teológica e formular novos eixos temáticos afins. Quanto a esse último aspecto – sobre os temas tratados –, há uma extensa bibliografia que percorre assuntos e autores variados, da qual uma das produções de referência é a coleção "Teologia e Libertação", publicada em conjunto pela Editora Vozes e pelo Centro Ecumênico de Serviço à Evangelização e à Educação Popular (Cesep). Quanto aos outros aspectos – ainda que possuam igualmente ampla bibliografia –, é possível, para efeitos didáticos, considerando as edições brasileiras, distinguir pelo menos três grupos:

(i) obras consideradas como "clássicas", que marcaram a fundação ou a promoção da Teologia da Libertação; (ii) obras que analisam aspectos metodológicos; e (iii) outras que objetivam análises avaliativas dos conteúdos temáticos.

Quanto às primeiras, especialmente pela influência delas no Brasil e a repercussão no exterior, destacam-se como referências histórico-teológicas da produção teológica latino-americana as seguintes:

1.1.1. Da Esperança. Campinas-SP, Papirus, 1987 [1968], de Rubem Alves. Trata-se da tradução tardia de *A Theology of Human Hope* (Uma Teologia da Esperança Humana) que foi a publicação nos EUA da tese doutoral do autor denominada *Towards a Theology of Liberation* (Por uma Teologia da Libertação), cujo título foi modificado pelo editor para garantir maior acessibilidade aos leitores da época. Realça a teologia como linguagem da liberdade, a partir de pressupostos da teologia protestante contemporânea e do contexto de "cativeiro e libertação" social, político e eclesial. A obra está referenciada ao contexto de reflexão teológica libertadora, marcado pela produção anterior de Richard Shaull e as experiências dos setores ecumênicos latino-americanos, em especial Igreja e Sociedade na América Latina (ISAL) e o Setor de Estudos e Responsabilidade Social da Igreja da Confederação Evangélica do Brasil.

1.1.2. Teologia de la Liberación. Lima-Peru, CEP, 1971, de Gustavo Gutierrez (tradução para o português: *Teologia da Libertação.* Petrópolis-RJ, Vozes, 1975). Sistematiza, a partir do ponto de vista teológico, as experiências libertadoras vivenciadas no contexto latino-americano – em especial as da Ação Católica e a metodologia que se consagrou como "ver-julgar-agir" – e as temáticas a elas referentes, como a relação entre libertação e salvação, o encontro com Deus na história, escatologia e política, a Igreja como sacramento da história e a significação bíblica e teológica da pobreza.

1.1.3. Teologia e prática: teologia do político e suas mediações. Petrópolis-RJ, Vozes, 1978, de Clodovis Boff. Obra reconhecida pela sistematização do método teológico da libertação que formulou as mediações socioanalítica, hermenêutica e prática do fazer teológico latino-americano. Destaca-se pela ênfase na relação da teologia com as ciências do social.

1.1.4. Como Fazer Teologia da Libertação. Petrópolis-RJ/ Rio de Janeiro-RJ, Vozes/Ibase, 1986, de Clodovis Boff & Leonardo Boff. Livro de caráter mais popular e de divulgação dos principais aspectos da Teologia da Libertação, de grande penetração no Brasil e no exterior. A partir da pergunta "como ser cristãos num mundo de miseráveis", apresenta o método, os temas-chave, um panorama histórico e as questões teológicas fundamentais da Teologia da Libertação.

1.1.5. As obras de Leonardo Boff, de ampla divulgação entre teólogos e pastoralistas, em diferentes áreas da teologia. Destacam-se, entre outras: *Jesus Cristo Libertador* (1972), *A Fé na Periferia do Mundo* (1978), *Igreja, Carisma e Poder: ensaios de eclesiologia militante* (1981), *Vida Segundo o Espírito* (1981), *Do Lugar do Pobre* (1984). Estes livros foram publicados pela Editora Vozes (Petrópolis-RJ) e alguns deles foram alvo de processos eclesiásticos no Vaticano.

Quanto aos aspectos relativos à avaliação metodológica, destacam-se, especialmente, as obras: *Teologia da Libertação: política ou profetismo? Visão panorâmica e crítica da teologia política latino-americana* (São Paulo-SP, Loyola, 1977), de Alfonso Garcia Rubio; *Teologia da Libertação: roteiro didático para um estudo* (São Paulo-SP, Loyola, 1987), de João Batista Libânio; *Fé e eficácia: o uso da sociologia na Teologia da Libertação* (São Paulo-SP, Loyola, 1991), de Paulo Fernando Carneiro de Andrade; e *Teologia & Economia: repensando a teologia da libertação e utopias.* (Petrópolis-RJ, Vozes, 1994), de Jung Mo Sung.

Outro conjunto de obras se destaca, como já referido, pelo balanço a que se propõem fazer, em especial sobre os aspectos temáticos da Teologia da Libertação. Entre outras, podem ser elencadas: *Teologia da Libertação: novos desafios* (São Paulo-SP, Paulinas, 1991), organizada por Faustino Luís Couto Teixeira; *Vinte anos de teologia da América Latina e no Brasil.* (Petrópolis-RJ, Vozes, 1994), de

Alberto Antoniazzi & João Batista Libânio; *A Teologia da Libertação: balanço e perspectivas* (São Paulo-SP, Ática, 1996), organizada por Leonardo Boff, em especial o texto "Vinte e cinco anos de Teologia da Libertação", de José Ramos Regidor; e *Teologia da Libertação: um panorama de seu desenvolvimento* (Petrópolis-RJ, Vozes, 1999), de Enrique Dussel.

Uma análise deste conjunto ou mesmo de uma parcela dele possibilita uma visão geral dos fatos históricos, conteúdos, metodologia, enfoques e questões principais disputadas.[2] Nesse sentido, uma descrição apenas panorâmica da Teologia da Libertação se seguirá a fim de orientar, posteriormente, o debate do tema da idolatria, no que diz respeito à relação entre Reino de Deus e história, foco central deste trabalho.

1.2. A inovação teológica

A novidade metodológica, o apelo de articulação entre teoria e prática, a experiência de leitura da Bíblia por grupos populares, e uma sensibilidade especial pela realidade desumana e opressiva vivida pelas populações empobrecidas e marginalizadas socialmente geraram entusiasmo e novas perspectivas eclesiais e sociopolíticas nas décadas de 1960 e 1970.

Estão pressupostos nessa realidade, ao menos, três aspectos: o contexto internacional de dominação socioeconômica e política; as expectativas de libertação social e política motivadas por amplos setores críticos ao capitalismo e que, mesmo de formas diferenciadas, advogavam o socialismo, nos diferentes países latino-americanos, desde o triunfo da Revolução Cubana (1959); e os conflitos gerados pelos governos militares na maioria dos países latino-americanos.

Esse quadro, como posteriormente indicaram Leonardo e Clodovis Boff,

possibilitava na América Latina a coragem de os teólogos pensarem nossas questões pastorais com a própria cabeça, isto tanto do lado católico como do lado protestante (especialmente do interior de ISAL: Igreja e Sociedade na América Latina). Teólogos como Gustavo Gutiérrez, Segundo Galiléia, Juan Luis Segundo, Lúcio Gera e outros do lado católico e, do lado protestante, Emílio Castro, Júlio de Santa Ana, Rubem Alves e José Miguez Bonino começaram, mediante a frequentes encontros, a aprofundar as reflexões sobre a relação entre fé e pobreza, evangelho e justiça social.[3]

Os anos que se seguiram foram marcados, na América Latina, por intensas transformações nas esferas de ação das igrejas e da produção teológica. A Igreja Católica Romana, motivada por mudanças ocasionadas pelo Concílio Ecumênico Vaticano II (1962-65)[4] e pela Conferência Episcopal Latino-Americana de Medellin (1968), experimentou uma nova eclesialidade a partir da formação e da prática das Comunidades Eclesiais de Base (CEBs),[5] com apoio de setores da hierarquia firmados especialmente na "opção preferencial pelos pobres". Nos setores protestantes, diversas experiências de renovação eclesial e outras mudanças ocorreram nas décadas de 1960 a 1980, com ênfases similares.

Nos anos de 1970, as Comunidades Eclesiais de Base e a Teologia da Libertação, especialmente no Brasil, tiveram as suas bases e raízes alicerçadas principalmente a partir de duas experiências: a vivência de comunidades pobres no mundo rural, especialmente de pequenos lavradores, e as práticas dos sindicatos de trabalhadores, no contexto urbano. O primeiro aspecto revelava uma série de esforços em favor de uma reforma agrária e isto se dava especialmente em contraposição aos interesses de grandes companhias agroindustriais e grandes detentores de terra. A experiência sindical centrava-se na relação entre capital e trabalho, com questionamentos e propostas em relação às condições injustas de trabalho e a uma melhor distribuição das riquezas. Em ambas as situações, os cristãos eram encorajados a pensarem sobre a sua vida em relação à fé bíblica.[6]

Jung Mo Sung, quanto ao surgimento da Teologia da Libertação, entre diferentes análises, apresenta pelo menos cinco pontos para caracterizá-la:

a) A práxis de libertação dos pobres e o compromisso evangélico de outros setores sociais com eles. A consciência dessa práxis gera uma nova linguagem religiosa e teológica, fruto da relação dialética entre práxis e teoria presente na metodologia desse novo pensar teológico.

b) A necessidade de análise científica da realidade social com o recurso da teoria da dependência e, posteriormente, com o que se denominou mediações socioanalíticas.

c) A consciência do condicionamento socioeconômico da teologia e da igreja e a crítica de ambos a partir da ótica da libertação histórica dos pobres.

d) A perspectiva de a reflexão teológica estar a serviço da transformação da sociedade, com indicações práticas e concretas de caminhos históricos de libertação sociopolítica. Nesse sentido, a Teologia da Libertação não se esgota no âmbito acadêmico.

e) O lugar central da economia na reflexão teológica para, entre outros aspectos, estabelecer uma crítica ao messianismo tecnologista, às relações entre capital e trabalho, e vislumbrar alternativas de cunho socialista.[7]

1.3. A visão desenvolvimentista e a teoria da dependência

A "nova forma de ser Igreja" relacionada à Teologia da Libertação está vinculada às possibilidades de transformação social e política evidenciadas em especial entre os anos de 1960 e 1980 e possui como uma das referências centrais a busca por uma sociedade igualitária, participativa e firmada nos princípios da justiça social.

Tal proposta representa, desde os primórdios, uma contraposição ao modelo econômico capitalista, devido ao seu caráter excludente e concentrador de riquezas para grupos minoritários – especialmente com a utilização dos países periféricos em relação aos centrais. Nesse sentido, historicamente, a perspectiva teológico-pastoral da Libertação representou também uma contraposição à visão desenvolvimentista surgida nos anos de 1950. Tratava-se, nesse momento, de um novo referencial teórico de interpretação da realidade baseado nos estudos científicos que emergiam especialmente no campo sociológico: a teoria da dependência.[8]

A visão desenvolvimentista na América Latina, estimulada pelos EUA desde a década de 1950, refere-se – entre outros mentores e articuladores nacionais e estrangeiros – aos esforços de instituições internacionais como o Banco Interamericano para o Desenvolvimento (BID), o Fundo Monetário Internacional (FMI) e o Comitê Econômico das Nações Unidas para a América Latina (CEPAL). Paulo Fernando Carneiro de Andrade, ao apresentar aspectos históricos da Teologia da Libertação, avalia que

> A estratégia geral das teorias desenvolvimentistas baseia-se no incentivo de uma poupança capaz de gerar um capital acumulado que, invertido em setores produtivos, seja capaz de gerar um aumento do Produto Interno Bruto. Na falta de capital nacional suficiente, ele deve ser buscado fora do país. Questões como distribuição de renda e igualdade social são analisadas também dentro dos objetivos; porém acredita-se que a isto se chegará como consequência de um aumento geral do nível de vida do país. Inicialmente, segundo esta teoria, inclusive para que se possa gerar a poupança necessária ao crescimento, é imprescindível que haja uma concentração de renda nas mãos de poucos; caso contrário, a pouca renda nacional seria toda consumida e nunca poder-se-ia formar a necessária poupança.[9]

Em contraposição à visão desenvolvimentista, surgem diferentes interpretações da realidade social, em especial a produção teórica de Celso Furtado, Theotonio dos Santos, Fernando Henrique Cardoso e Enzo Faletto. A teoria da dependência, como esses autores consagraram, compreende a realidade de uma forma peculiar. Na análise do contexto histórico do surgimento da Teologia da Libertação, Jung Mo Sung sintetiza que

> para esses autores, a industrialização dos países em desenvolvimento está se dando dentro dos marcos de integração ao capitalismo internacional, que vive a sua fase do imperialismo monopolista. A superexploração dos países periféricos, por parte dos países imperialistas, inviabiliza os seus investimentos internos, condenando-os a uma estagnação econômica e ao subdesenvolvimento com todos os seus males, como baixos salários, falta de emprego, analfabetismo, repressão policial. A única saída para essa situação seria a revolução socialista, que além de modificar as relações internas de produção, romperia com o capitalismo internacional.[10]

Nesse contexto, a Teologia da Libertação, como elaboração teórica, procura(va) compreender a realidade por meio de mediações científicas, julgá-la mediante a tradição bíblica, com destaque para o aspecto profético, e indicar uma nova inserção dos cristãos.[11]

Essa perspectiva teológica, no campo prático, possibilitou uma nova forma de ser Igreja, expressa, como já referido, de maneira especial nas Comunidades Eclesiais de Base e em grupos ecumênicos comprometidos com a transformação da sociedade. Além do aspecto político, ocorreram redefinições em diferentes campos da pastoral, como liturgia e missão. A eclesiologia própria das CEBs e de outras experiências populares alimentou a relação teoria e prática, possibilitando novas formulações e êxitos na esfera pastoral.[12]

1.4. A distinção entre o objeto e o *a priori* da Teologia da Libertação

Por três décadas, portanto, a metodologia teológica latino-americana se funda na intenção de "ser reflexão crítica sobre uma práxis, especialmente política".[13] Consideravam-se nos primórdios, como já visto, o contexto das práticas de libertação em curso no Continente e a inserção dos cristãos nesse quadro, buscando uma relação entre fé e ação política. Ou, nas palavras de José Ramos Regidor, a Teologia da Libertação "define a si própria como reflexão crítica sobre a experiência de fé vivida pelos fiéis nos processos históricos de libertação dos pobres".[14]

Franz Hinkelammert, em uma análise que fez da Teologia da Libertação,[15] destacou a experiência do movimento "Cristãos para o Socialismo", especialmente no Chile dos anos de 1960 e início de 1970. Nessa ocasião, os teólogos da libertação e grupos de cristãos identificados com os mesmos postulados, ao afirmarem suas opções pastorais e políticas, viram-se em confronto com os setores eclesiásticos – que estavam norteados por uma teologia "dogmática" e "conservadora" – e com os setores militares de segurança nacional que assumiram ditatorialmente o governo chileno em 1973.

Hinkelammert segue em sua análise apresentando, além do impasse latente entre a Teologia da Libertação e a teologia oficial das igrejas, o conflito com o que ele chamou de "império". Esse confronto tornou-se mais evidente a partir das preocupações presentes no "Documento de Santa Fé" (1980), que formulou a plataforma política do presidente norte-americano, Ronald Reagan, na qual a Teologia da Libertação e as práticas pastorais dela decorrentes eram consideradas como questões de segurança nacional dos EUA.

Para os grupos referenciados pela Teologia da Libertação, os tempos que se seguiram dos anos de 1970 ao início de 1980 foram marcados por confrontos e por fortes expectativas de mudanças. Hugo Assmann, um dos teólogos que produziu os primeiros e mais destacados escritos da Teologia da Libertação, indica o otimismo e as condições que caracterizam a passagem dos anos de 1970 para os de 1980:

> Os que viveram esse período no Brasil, ainda sob o regime militar, mas com o lento alvorecer na "transição para a democracia", certamente não podem riscar da memória as projeções utópicas lançadas sobre o futuro do país (e de outros países). Creio, aliás, que no Brasil se deram circunstâncias peculiares para que se fosse particularmente intenso o sonho de uma conversão da Igreja aos pobres. As características, ademais bastante singulares, assumidas pela Teologia da Libertação no contexto brasileiro, não se explicam sem o clima de projeções otimistas sobre a Conferência Nacional dos Bispos do Brasil (CNBB), sobre as (magníficas) comunidades eclesiais de base e, no plano político, sobre o Partido dos Trabalhadores (PT).[16]

Todavia – não obstante as variadas interpretações –, esse quadro não se configurou substancialmente na década seguinte. Por isso, no campo teórico, é necessário (e possível) fazer uma distinção entre o objeto de reflexão teológica e o *a priori* da teologia latino-americana.[17] Enquanto o primeiro tem sido a práxis concreta de libertação – conforme já indicado –, o segundo possui maior amplitude, é menos conjuntural e com caráter mais intencional, firmado nos ideais libertadores que surgem do contexto opressivo e excludente vivido no Continente. Nas palavras de Félix A. Pastor:

> O *a priori* fundamental da teologia ibero-americana da libertação é a intuição global da situação latino-americana como resultante de uma opressão. A ideia, pois, da contradição no seio da sociedade, entre o ideal e a realidade, transforma-se no ponto de convergência da reflexão teológica sobre a mensagem cristã, da qual derivam os motivos de inspiração determinantes para julgar profeticamente a

realidade, sob o *ius divinum* dos imperativos da caridade evangélica.[18]

Para a teologia latino-americana, a ênfase nesse segundo aspecto significa a possibilidade de superação de limitações metodológicas cruciais, especialmente porque, no final dos anos de 1980, os processos de libertação deram lugar aos de reajustes socioeconômicos, como será visto posteriormente. Ou seja, não obstante a existência de práticas de resistência, de lutas e de contestação social, não se tornaram possíveis, na década de 1990, a constituição e a articulação de um projeto político popular (nos moldes dos pressupostos da Teologia da Libertação) alternativo à situação socioeconômica dos países latino-americanos. Daí a necessidade de se realçar o *a priori* fundamental da Teologia da Libertação (a pobreza é fruto de uma opressão histórica).

1.5. Temas-chave da Teologia da Libertação nos anos de 1980

A Teologia da Libertação e os esforços pastorais a ela referentes representam avanço significativo para o universo teológico-pastoral. As bases dos planos teórico e prático dessa experiência não somente ganharam relevância social como estabeleceram novas perspectivas de ação e de reflexão para o Continente e para amplos segmentos acadêmicos, eclesiais e políticos em todo o mundo.

Por ser teologia essencialmente fundamentada na prática e nos aspectos da vida humana estão indicados para ela diferentes e constantes desafios, uma vez que a dinâmica social apresenta novas e contundentes características. No entanto, pelo fato de essa análise enfocar os anos de 1980, vale destacar o que anteriormente foi apresentado por Leonardo e Clodovis Boff. Eles, ao sintetizarem aspectos da Teologia da Libertação, indicaram alguns dos temas-chave centrais: 1. "A fé viva e verdadeira envolve uma prática libertadora"; 2. "O Deus vivo que toma partido pelos oprimidos contra Faraó"; 3. "O Reino: o projeto de Deus na história e na eternidade"; 4. "Jesus, o filho de Deus que assumiu a opressão para nos libertar"; 5. "O Espírito Santo, 'Pai dos pobres', presente nas lutas dos oprimidos"; 6. "Maria, mulher do povo, profética e libertadora"; 7. "Igreja, sinal e instrumento de libertação"; 8. "Direitos dos pobres como direitos de Deus"; e 9. "O comportamento do homem livre e libertador".[19] Esses temas se mantêm, por suposto, embora o próprio Leonardo Boff tenha ampliado, na década seguinte, sua agenda temática com os desafios da reflexão ecológica.[20]

Com o desenvolvimento da perspectiva teológica da Libertação, diferentes questões têm sido discutidas e diversos autores têm oferecido substanciais contribuições. Agrupamentos – didáticos, por suposto – nem sempre tornam-se fáceis de serem formulados.[21] Todavia, considerando certas diferenças entre os teólogos que se destacaram na fase de elaboração e de fundação da Teologia da Libertação e os que se destacaram nos anos de 1980, é possível seguir a distinção – crítica – de Paulo Cezar Loureiro Botas de "duas gerações teológicas" latino-americanas:

> A primeira surge na segunda metade da década de 1960 quando teólogos da envergadura de Rubem Alves, Gustavo Gutierrez, Juan Luiz Segundo, Miguez Bonino e outros produziram a Teologia da Libertação. Uma teologia escrita em momentos de exílio, de perseguição e de êxodo. Uma teologia escrita *extra-igreja*, em que a preocupação eram os grandes temas teológicos que respondessem à esperança dos cristãos nos duros momentos do autoritarismo e do militarismo latino-americanos. (...) e viu-se surgir uma segunda geração mais pragmática, de produção teológica *intra-igreja* e que procurou criar uma *Teologia da Libertação Aplicada*, reduzida ao imediatismo político dos anos de 1980.[22]

Qualquer tentativa de elencar nomes e temáticas corre o risco de esquecimentos, invariavelmente injustos. Por outro lado, as tipologias possíveis são sempre provisórias e relativas, em especial pela variada gama de interesses dos autores e pela interdisciplinaridade dos temas. Um terceiro fator é a própria característica de a Teologia da Libertação ser uma produção coletiva, o que por vezes omite a contribuição de muitos.

2. Aspectos críticos e de avaliação da Teologia da Libertação

É consenso nos setores teológicos de que não se pode falar de Teologia da Libertação no singular. São vários os enfoques e os diferentes grupos que se articulam em variados fóruns, redes, instituições e movimentos pastorais. Além disso, deve-se considerar a diversidade regional, confessional e temática. Para ampliar o quadro panorâmico da Teologia da Libertação serão apresentadas, em síntese, algumas críticas que foram elaboradas dentro do próprio contexto dessa teologia e que são igualmente significativas desse pensamento teológico.

2.1. Ruptura ou continuidade?

É possível distinguir, como *constructo,* duas posturas em relação à revisão da Teologia da Libertação. A primeira é caracterizada pela noção de *continuidade.* Ou seja, diante dos acontecimentos políticos que marcaram a vida interna da Teologia da Libertação como a derrota do sandinismo na Nicarágua e o fim da União Soviética e do "socialismo real", simbolizado pela "queda do muro de Berlim" (1989), a reflexão teológica latino-americana deveria "ampliar" os seus horizontes temáticos e a sua abordagem da realidade social, econômica, política e cultural.[23] Exemplares dessa perspectiva são os escritos de Leonardo Boff e de Frei Betto, no período que se seguiu a esses acontecimentos.[24]

Outra perspectiva é caracterizada pela noção de *ruptura,* mantendo-se, todavia, no horizonte dos compromissos éticos, temáticos e metodológicos da Teologia da Libertação, em especial a opção pelos pobres e os desdobramentos político-sociais

36

decorrentes dessa visão teológica. Essa perspectiva é defendida nos escritos – alguns até mesmo anteriores aos acontecimentos políticos citados – de Juan Luis Segundo, Hugo Assmann, Jung Mo Sung, Júlio de Santa Ana e José Comblin. Direta ou indiretamente, tal postura está relacionada à discussão em torno da "crise de paradigmas", que mobilizou parte considerável dos setores acadêmicos, incluindo o teológico e o das ciências da religião, motivada pelas reflexões de Thomas Kunn, em sua obra *A Estrutura das Revoluções Científicas*.[25]

Em ambas as perspectivas estão sendo consideradas somente as análises efetuadas até a primeira metade da década de 1990. Isso porque deve-se considerar tardias as análises que, após mais de meia década, fazem autocrítica ou tratam de temas anteriormente vistos como lacunas.[26]

Como se trata de apresentar, na sequência, algumas iniciativas de avaliação dos postulados da Teologia da Libertação, especialmente como esta se configurou nos anos de 1980, serão priorizadas as avaliações que, de alguma forma, identificam uma situação de "crise" nos paradigmas da Teologia da Libertação. Aliado a isso, outro critério para a escolha das avaliações a seguir é o fato de serem formuladas a partir do contexto da própria Teologia da Libertação. Ou seja, são reflexões de teóricos reconhecidos pela comunidade acadêmica como teólogos da libertação e que, por sua vez, se autoidentificam como tal.

Nesse sentido, não estão presentes na sequência as críticas de Rubem Alves à Teologia da Libertação, não obstante ser ele um dos fundadores dessa teologia e ter, em seus diferentes trabalhos, apresentado elementos de crítica de substancial conteúdo. O fato é que desde a década de 1980, esse autor não tem sido identificado com a Teologia da Libertação, ainda que os seus escritos tenham conteúdos baseados nos princípios fundantes dessa perspectiva teológica. Por outro lado, Rubem Alves, em função do caráter poético e de prosa de seus escritos, não sistematizou uma avaliação sobre a Teologia da Libertação, especialmente sobre o processo que ela viveu nos anos de 1980. As críticas substanciais que formulou estão presentes fragmentariamente nos artigos, meditações e poesias, quase sempre destacando elementos como a gratuidade, a liberdade, a existencialidade, em contraposição – indireta, por vezes – ao pragmatismo, ao racionalismo e aos reducionismos políticos de setores da Teologia da Libertação e da pastoral popular.[27]

2.2. Algumas iniciativas de avaliação

2.2.1. Os riscos de reducionismos metodológicos e de dogmatismos na Teologia da Libertação (Juan Luis Segundo)

Juan Luis Segundo foi um dos precursores da Teologia da Libertação.[28] De todos os teólogos da libertação, foi o que de forma mais consistente e sistemática tratou a temática fé-ideologia. A teologia de Segundo pretendeu-se sempre profundamente crítica. Nesse sentido, fugiu das simplificações pastorais que marcaram determinados setores da teologia latino-americana, em especial nos anos de 1980. Foi um teólogo que sempre tratou de amplas questões, ao procurar articular os desafios sociopolíticos decorrentes da fé cristã com os grandes temas da existência humana.

Juan Luis Segundo enriqueceu a teologia latino-americana ao utilizar uma linguagem "sapiencial-integrativa", não reduzindo-se ao aspecto "crítico-dialético-profético". Este último, Segundo o enfatizou de maneira central e profunda, ao localizá-lo no bojo de um diálogo amplo com os setores médios da sociedade, convocando-os à conversão à causa dos empobrecidos.

Esse contexto de interlocução e interpelação levou o teólogo a refletir seriamente sobre as questões do ateísmo. Tal reflexão, longe de possuir um caráter apologético e tradicional, apresentava um projeto teológico de diálogo com aqueles que não criam. Esse empreendimento deveria mostrar que a fé cristã encontra-se no âmago da "aposta existencial-valorativa de cada pessoa". A isso, Segundo chamou de fé antropológica. Trata-se de uma valorização da situação na qual encontra-se o ser humano – ainda que de ateísmo. O ateísmo, mais que um fenômeno cultural, é uma possibilidade purificadora para a fé, na medida em que a crítica e o diálogo a fazem confrontar-se com os seus elementos fundantes e essenciais.

A teologia de Juan Luis Segundo é contextual e de forte sensibilidade histórica. Ele reinterpretou a fé com as mediações próprias das ciências humanas e sociais e com o uso da epistemologia da teoria sistêmica. Isso possibilitou perspectivas teológicas ao mesmo tempo inculturadas e universais. A proposta libertadora ganhava, assim, amplos horizontes, não restringindo-se a ideologias particulares, imediatismos políticos, pragmatismos prático-pastorais e exercendo sua contribuição contra dogmatismos e autoritarismos dentro e fora da Igreja.[29]

Juan Luis Segundo tratou com profundidade a questão entre "comunidade e massa". O referencial teórico dela encontra-se, sobretudo, na obra *Massas e Minorias: na Dialética Divina da Libertação*.[30] Sua edição trouxe, na época, um debate polêmico, em especial quanto à noção católica de cristandade. Nessa obra, o teólogo afirma que as exigências evangélicas realizadas por Jesus (gratuidade, diálogo, personalização, crítica) têm caráter de "conduta minoritária". Tal pregação não ignorava o "peso e a necessidade dos mecanismos massificantes", mas não sucumbia a eles. Todavia, "Jesus não só suportou o peso de massa de toda a existência humana, mas para a própria pregação de sua mensagem – minoritária – utilizou, prudentemente se se quiser, mas decididamente, mecanismos massificantes". Isso chama a atenção das igrejas – e para a Teologia da Libertação, por suposto – para o fato de que a proposta evangélica não pode desejar o "minoritário de entrada" (transformando-a em uma nova lei). No entanto, nessa proposta, o interesse pelas massas é fundamental para que novas e criativas sínteses venham a ocorrer.

Juan Luis Segundo, em diferentes obras,[31] reafirma a necessidade da suspeita como atitude crítico-teológica fundamental, para não permitir a repetição de perguntas que não mais fazem sentido no "círculo hermenêutico" próprio da Teologia da Libertação. Nesse sentido, advogava um espírito crítico e inovador, especialmente nas análises da realidade social – o que, por vezes, conflitava com as interpretações de outros setores da Teologia da Libertação.[32]

Em resumo, Juan Luis Segundo questionava o triunfalismo que ele percebia na supervalorização da "força histórica dos pobres", tal como Gutierrez e outros teólogos enfatizaram. Considerou, por exemplo, que se deveria também analisar, e detidamente, a "debilidade histórica dos pobres". O autor também considerava superdimensionada a ênfase na sabedoria dos pobres, em especial nos escritos de Leonardo Boff e novamente em Gutierrez, por vezes usada como "retórica", em contradição com o papel do teólogo quando este acrescenta novas interpretações teológicas ao povo. Segundo também questionava a hermenêutica bíblica nas obras, em especial de Gutierrez, por considerar insuficiente, na medida em que esta parecia abolir de Jesus a "inteligência que vem dos doutos" para simplesmente seguir a que vem dos pequenos. Juan Luis Segundo, como teólogo da libertação, manteve-se compromissado e inspirado pelos pobres, mas procurava descartar uma avaliação mais idealizada deles. Da mesma forma, em sentido amplo, descartava as formas de reducionismo na interpretação da realidade e as formas de dogmatismo político e eclesial.

2.2.2. A dificuldade da Teologia da Libertação em se confrontar com a conjuntura e a estrutura social (H. Assmann)

Hugo Assmann – também um dos precursores da Teologia da Libertação –, com o propósito de aprofundar questões em torno dos fundamentos dessa perspectiva teológica, indica, entre outros aspectos, a dificuldade dos setores mais hegemônicos dessa corrente teológica em compreender que o "fato maior" que originou e motivou as primeiras reflexões teológicas alterou-se significativamente a partir do final dos anos de 1980.[33]

O autor, não obstante reconhecer certas simplificações dicotômicas, recorda que a ênfase para se compreender a realidade era o esquema opressão-libertação, com um abismo cada vez maior ente ricos e pobres e entre países ricos e pobres. Esse esquema era identificado pelas análises ancoradas nas causas estruturais e contraposto pelos movimentos populares, a partir da concepção de que os pobres eram o novo sujeito histórico. Esse "fato maior" possuía uma versão eclesiológica evidenciada na irrupção da "Igreja dos Pobres".

Assmann indica que boa parte dos teólogos da libertação não soube considerar devidamente o "fato maior" da realidade que se seguiu, em especial na apreciação das estratégias de confrontação, teórica e prática, com ele. Para o teólogo

Em síntese, o *fato maior* no mundo atual, e mais acentuadamente em nosso país, é a adoção consentida e celebrada como "modernização", de uma férrea lógica da exclusão, que produz e perpetua uma assustadora "massa sobrante" de seres humanos, tidos como economicamente inaproveitáveis e, portanto, objetivamente descartáveis.[34]

Assmann afirma estar fazendo uma leitura "não polêmica" da Teologia da Libertação, em continuidade e aprofundamento de seus postulados básicos. No entanto, as reflexões que o autor faz requerem uma ruptura com as formas majoritárias de elaboração dessa teologia. Nesse sentido, ele afirma que se essa reflexão "inovadora" for compreendida como mera "continuidade linear",

corre-se o perigo de não analisar, com a devida atenção, as razões que levaram a Teologia da Libertação a incorrer em determinadas ingenuidades (por exemplo, a idealização dos oprimidos como o "novo sujeito histórico emergente", assim como a exagerada aposta no surgimento de uma "Igreja dos pobres" etc.), e os motivos por que a teologia da Libertação apresenta certas lacunas (como a ausência de uma conjugação entre necessidade e desejos humanos, a escassa análise crítica do capitalismo enquanto sedução e simulação do prazer e da felicidade, enfim, toda a cadeia de vazios relacionados com uma confrontação, crítica mas também positiva, com a vigência de uma economia-com-mercado).[35]

Para analisar as diferentes lacunas, Hugo Assmann apresenta pressupostos antropológicos, políticos, econômicos, teológicos e eclesiológico-pastorais. Nesse conjunto de questões, o autor identifica o reducionismo antropológico que superestima a satisfação das necessidades elementares em detrimento da dinâmica dos desejos humanos, a visão política que mitifica a "força histórica dos pobres" e a "Igreja dos Pobres", o descuido da temática "economia e teologia" e as generalidades em torno da concepção de "Deus dos pobres" que permitiam a manutenção de ideologias machistas e patriarcais, entre outros aspectos.

Também como lacuna estão as reflexões, em especial eclesiológicas, advindas do diálogo inter-religioso e das experiências ecumênicas. Em geral, a produção latino-americana não tem satisfatoriamente respondido a essa demanda, tanto em termos da produção de uma teologia da cultura e uma antropologia teológica quanto de uma nova eclesiologia que é provocada pela perspectiva ecumênica. Aqui reside, especialmente, a crítica ao eclesiocentrismo da Teologia da Libertação e ao alinhamento institucional das CEBs com a estrutura hierárquica católico-romana, como indicou Assmann ao dizer que "no Brasil, a Teologia da Libertação foi basicamente catolicocêntrica. O distanciamento progressivo da ampla visão ecumênica, por parte do setor mais eclesiocêntrico da Teologia da Libertação, foi um equívoco fatal".[36]

2.2.3. A ausência da economia nas análises sociais da Teologia da Libertação (Jung Mo Sung)

Jung Mo Sung identifica na corrente interna mais divulgada social e eclesialmente da Teologia da Libertação uma "anomalia" que, no desenvolvimento dessa proposta teológica, causou um "esvaziamento", em especial no seu conceito de libertação. Isso ficou mais evidenciado para o autor na "ausência de temas importantes e vitais para as lutas populares – tais como a questão do capitalismo-socialismo, a substituição do desenvolvimentismo pelo neoliberalismo como ideologia hegemônica na América Latina e o problema da dívida externa".[37] Ou seja, a Teologia da Libertação, que pressupõe a análise da realidade como passo metodológico fundamental, relegou – pelo menos os setores hegemônicos dessa teologia – a uma "quase ausência" a economia como tema central de análise.

O autor critica a falta de um aprofundamento por parte dos teólogos da libertação no tocante à teoria da dependência, especialmente ao adotarem uma visão bipolar, marcada pela simplificação "dominados x dominantes", e por uma mera rejeição do crescimento econômico como se fosse sinônimo de desenvolvimento. Dessa forma, perdeu-se a percepção da possibilidade de um desenvolvimento autônomo, não excludente.

Ao lado disso, o autor apresenta as limitações dos teólogos da libertação ao não discernirem devidamente as transformações da realidade socioeconômica, em especial a substituição do desenvolvimentismo pelo neoliberalismo e o declínio da teoria da dependência. Entre as consequências disso está a compreensão equivocada, já presente na visão burguesa, assim como na socialista-marxista, de que a modernidade se caracteriza pela secularização e não – como Mo Sung defende – pela idolatria. O autor conclui que

> Só uma teologia que introduz explicitamente a cláusula escatológica contra a ilusão transcendente da modernidade, abrindo espaço para uma transcendência teológica fundada

na fé e na ressurreição de Jesus, e assume como sua tarefa fundamental a crítica anti-idolátrica a todas as instituições sacralizadas – sejam capitalistas ou socialistas – que exigem sacrifícios de vidas humanas pode reivindicar um lugar relevante no mundo moderno e servir eficazmente às lutas de libertação dos oprimidos sem perder a identidade de discurso teológico.[38]

As correntes mais destacadas da Teologia da Libertação não cumpriram adequadamente essa tarefa. A crítica à ilusão transcendente, fundamental para os que lutam contra o capitalismo, não foi efetuada, em especial pelo fato de o marxismo, na sua visão hegemônica, também compartilhar dessa ilusão de que é possível construir o reino (da liberdade) em plenitude no interior da história.[39]

2.2.4. A necessidade de revisão teológica a partir do "círculo hermenêutico" (Julio de Santa Ana)

Julio de Santa Ana faz parte também do círculo de teólogos que, no interior da Teologia da Libertação, reflete sobre as questões entre Teologia e Economia. Nesse sentido, as avaliações feitas por Hugo Assmann e Jung Mo Sung – e acrescente-se também Franz Hinkelammert – são total ou parcialmente partilhadas por Julio de Santa Ana.[40]

Além desses aspectos, Santa Ana analisa também um certo enrijecimento metodológico em setores da Teologia da Libertação, especialmente por não implementarem devidamente o "círculo hermenêutico" proposto por Gutierrez. Como já referido, a Teologia da Libertação, em sua proposta metodológica, considerou um círculo hermenêutico a partir das perguntas oriundas da experiência prática dos cristãos. Estas deveriam passar pelo crivo da crítica, para identificar sua validade e ajudar a enquadrá-las na realidade sociopolítica – que necessitava ser compreendida. Esse primeiro momento foi denominado como o das mediações socioanalíticas e foi privilegiado o marxismo como instrumental científico para as análises. Seguiam-se os momentos hermenêutico, prático/pastoral e de verificação na própria vida da comunidade dos pobres (a práxis). Percorrer esse círculo hermenêutico só faz sentido a partir de uma postura de suspeita de que as respostas dadas num momento anterior não necessariamente sejam válidas no seguinte. [41]

Cabe perguntar, portanto, se o conjunto de questões e de respostas com o qual a Teologia da Libertação trabalhava nas décadas de 1970 e início de 1980 é compatível com as necessidades da produção teológica nos anos que se seguiram. As motivações utópicas inerentes à Teologia da Libertação, por exemplo – referenciadas indiretamente às experiências do socialismo –, indicavam uma articulação da esfera pastoral com a esfera política. Como decorrência, era formulada uma sequência de perguntas no campo das relações entre fé e política. Estarão tais perguntas, ainda hoje, em sintonia com a experiência dos cristãos pobres, ou são necessárias novas sínteses?

A Teologia da Libertação surge como reflexão das práticas de libertação. Estas foram vividas na década de 1960 até a primeira metade da década de 1980. O que se seguiu foram "práticas de reajuste", nas quais o povo pobre, em especial por motivos de sobrevivência, aceita, na maioria da vezes, resignadamente, as políticas econômicas e sociais nos diferentes países latino-americanos. As perguntas, portanto, não estão sendo feitas em um contexto de libertação e, sim, de reajuste, o que altera substancialmente a forma de orientar as práticas pastorais.

Sobre a compreensão da realidade, Júlio de Santa Ana reafirma que as análises de corte teórico marxista demonstraram não ser suficientes para as mediações socioanalíticas da produção teológica. Tais análises, ao partir de contradições que se dão em plano socioeconômico, encontram dificuldades em desvelar outros aspectos da realidade, em especial os marcados pela dinâmica cultural. Soma-se a isso na América Latina o crescimento de importância dos conflitos sociais que não são de classes, como os étnicos, os raciais e os de gênero. Isso parece indicar a necessidade de se complementarem as análises marxistas com elementos da teoria sistêmica, das ciências antropológicas e da psicologia social.[42]

Sobre a questão hermenêutica, Julio de Santa Ana destaca duas necessidades, entre outras. Um aprofundamento bíblico do tema da idolatria e uma produção simbólica que coopere com a relativização dos "sagrados sociológicos" – onde a elementos meramente humanos é atribuído artificialmente uma dimensão sagrada – com uma penetração, nos limites do que seja possível, no "sagrado religioso", que é mistério de Deus, interpelador e impulsionador do ser humano. Nesse sentido, o autor, ao retomar as intuições e perguntas centrais de Richard Shaull, como "o que Deus está fazendo no mundo, hoje?", afirma que

> grande parte da reflexão teológica ou chamada teológica, dos últimos tempos, não é uma pergunta sobre Deus, mas sobre outras coisas, sobre a igreja, sobre as formas da igreja, sobre a legitimidade da igreja. Não é uma pergunta sobre Deus, é uma pergunta sobre nós. Isto não é teologia. O fato de que haja um capítulo da teologia que se chama eclesiologia não significa que aí estejamos falando sobre Deus. Existe uma luta pela igreja tão forte neste momento, que muitas vezes nos leva a esquecer de Deus.[43]

Do ponto de vista pastoral, ainda sobre a produção simbólica, surgem diferentes implicações, todas firmadas na busca de canais férteis de proclamação da mensagem evangélica. Entre os limites está o fato de a racionalidade da pastoral popular dificultar que a tarefa de Deus seja refeita: "ouvir o sofrimento do povo", consolá-lo, seduzi-lo. Como escutar o povo se ele não fala? Os pobres, para manifestarem sua resistência, o fazem a partir de uma produção simbólica. Essa é, portanto, a linguagem dos oprimidos. Os projetos de conscientização – e aí se inclui a Teologia da Libertação – estarão destinados ao insucesso se não mergulharem na tensão com a produção simbólica no âmbito popular.

2.2.5. A urgência de uma nova caminhada de libertação (José Comblin)

José Comblin é reconhecido como um dos teólogos da libertação mais críticos em relação ao desenvolvimento dessa teologia e aos desdobramentos pastorais dela, especialmente no tocante à prática das Comunidades Eclesiais de Base. Desde uma perspectiva libertadora e a partir dos mais de quarenta anos de vivência na América Latina, Comblin se destacou pela profundidade de seus escritos teológicos em diferentes campos do conhecimento teológico, como o da reflexão bíblica, histórica, sistemática e pastoral.

Sobre questões específicas da Teologia da Libertação e das práticas eclesiais a ela referentes, o autor indicou vários pontos em diferentes artigos publicados na década de 1980 e na primeira metade da de 1990. Todavia, boa parte desses comentários está presente na obra *Cristãos rumo ao Século XXI: nova caminhada de libertação.*[44] Embora, por ser publicado em 1996, o livro não esteja cumprindo o critério metodológico estabelecido para a escolha das análises aqui apresentadas, ele será utilizado, como exceção, uma vez que reúne aspectos do pensamento do autor, anteriormente divulgados.

Comblin, em vários pontos da obra, dialoga com Juan Luis Segundo e com Hugo Assmann, corroborando com críticas que estes fizeram a determinadas posições da Teologia da Libertação. O pressuposto das reflexões de Comblin é a mesma observação de Assmann – e também de Gutiérrez, em 1994[45] – de que a situação latino-americana passou de uma realidade de opressão para a de exclusão, tendo isso profundas implicações para a teologia, nem sempre percebidas devidamente pela maioria dos teólogos da libertação.

Comblin advoga que a Teologia da Libertação deve repensar todos os temas teológicos, tanto os de caráter dogmático como os sociais. Nesse sentido, os setores hegemônicos da

Teologia da Libertação, segundo Comblin, não conseguiram romper com as históricas amarras eclesiástico-institucionais, e "o Evangelho permanece nitidamente separado em duas partes: a parte dogmática, que continua sempre igual, e a parte político-social, que procura responder à evolução dos tempos".[46] Como exemplo dessas considerações, Comblin afirma que

Nem sempre os teólogos da libertação tiveram a preocupação de buscar unidade entre salvação de Cristo e a libertação temporal. Desde o início, todavia, essa foi a preocupação de G. Gutiérrez. Fundamentou a sua busca no tema da única história de salvação e na unidade entre criação e redenção, temas comuns no contexto conciliar.

Alguns aceitam e protagonizam abertamente uma clara distinção. É o caso de Clodovis Boff, que fazia a distinção de duas teologias, correspondentes a dois objetos bem distintos. As duas teologias não tinham contato entre si. Há, segundo Clodovis Boff, uma teologia 1 e uma teologia 2. A primeira se ocuparia diretamente das realidades especificamente 'religiosas'. Cabem nela os temas clássicos de sempre: Deus, Criação e Pecado, Cristo, Graça, Escatologia, Sacramentos, Eclesiologia etc. A segunda tomaria por objeto as realidades 'seculares': cultura, sexualidade, história, política. Admite-se que a política e a história não têm ligação intrínseca com Deus, Cristo ou os sacramentos.

A distinção – e inclusive a separação ou quase separação – entre teologia 1 e teologia 2 foi vivida por um número não desprezível de agentes de pastoral ou de militantes.[47]

Na visão de Comblin, essa dicotomia prejudicou imensamente os setores da Igreja que assumiram tarefas de libertação, especialmente porque os movimentos espiritualistas, católicos e protestantes, adotaram a ênfase religiosa, desprezando a reflexão intelectual e tornando-se majoritários no conjunto das propostas pastorais. Ao lado disso, Comblin considera que o retrocesso da Teologia da Libertação é parte de um movimento mais amplo que inclui o retrocesso da teologia em si, nas diferentes igrejas e contextos, em especial pela desconfiança que a nova época do "religioso" possui em relação à reflexão crítica[48] e também pela contradição entre a realidade urbana e a utopia comunitária que sustenta a Teologia da Libertação. Nesse último aspecto, Comblin avalia uma certa idealização das Comunidades Eclesiais de Base por parte de teólogos da libertação e também uma dificuldade desses teóricos em compreenderem o mundo urbano.[49]

Comblin, a exemplo de outros autores, reafirma a necessidade de a Teologia da Libertação não ser considerada apenas como uma teoria de uma prática específica (a dos anos de 1960, por exemplo). O autor advoga o princípio de que a teologia precisa articular os temas especificamente religiosos com os político-sociais, questionar o conjunto da teologia, além de estar atenta às mudanças sociais.

Em relação aos dois primeiros aspectos, Comblin destaca a temática teológica da liberdade como referência premente para a Teologia da Libertação. Propõe que para a teologia latino-americana salvaguardar-se dos reducionismos e do "destino dos fenômenos passageiros" deve estar integrada à reflexão sobre a liberdade que remonta ao Novo Testamento, atravessa os períodos antigos e medieval ainda que marginalizadamente, ganha centralidade na Reforma Protestante e se confronta com a modernidade, mesmo sendo uma de suas principais fontes, e dialoga com ela até o presente.[50]

Em relação às mudanças socioeconômicas e políticas, Comblin reafirma a necessidade de maior compreensão do neoliberalismo – o próprio livro dedica alguns capítulos a isso. Nesse sentido, suas reflexões são marcadas por um realismo, que por diversas vezes chocou-se com as visões triunfalistas presentes no interior da Teologia da Libertação. Comblin afirma, por exemplo, que "num futuro imediato não há alternativa socialista à vista. Com certeza o socialismo permanece e permanecerá como utopia, sonho ou aspiração. Haverá novas tentativas para encarná-lo na história. Mas não será tão cedo".[51]

2.3. Crise teológica e perspectiva intra-histórica da Teologia da Libertação

Anteriormente, havia apresentado uma análise panorâmica das questões teológico-pastorais que emergiram a partir dos anos de 1980 em "Novos Desafios para um Novo Milênio: reflexões em torno da teologia e da pastoral latino-americanas".[52] Foram seguidas, em certa medida, os pressupostos dos teólogos acima referidos e, na indicação dos temas, reunidos outros autores que, ainda que indiretamente, ofereciam alguma contribuição para esse debate. Essa reflexão – subtraídos os elementos já apresentados no item anterior – encontra-se, em síntese, a seguir.

Uma das pressuposições são os avanços teológico-pastorais do contexto teológico-pastoral que se formou em torno da Teologia da Libertação e das Comunidades Eclesiais de Base e similares em relação à prática tradicional dos quase cinco séculos de Cristianismo no Brasil. Outra é que, não obstante a isso, surgiram, no decorrer do processo, lacunas teóricas e práticas, em especial nas questões acerca da espiritualidade e na relação fé e política, incorrendo em influxos na dinâmica desse movimento eclesial.

2.3.1. Refluxos e perplexidades no campo pastoral

No campo da pastoral, a perplexidade foi o sentimento predominante no contexto de crise teológica e pastoral no qual os anos de 1980 se findaram. O primeiro aspecto refere-se a um certo esgotamento que a racionalidade presente na pastoral popular tem provocado, o que ocasiona a perda do "específico religioso". De fato, a vivência das Comunidades Eclesiais de Base – mesmo considerando o seu significado para a renovação do catolicismo latino-americano – e a de diversos grupos protestantes com ênfases similares tem encontrado dificuldades para melhor sintonia com a matriz religiosa e cultural do Continente.[53]

Como desdobramentos concretos, essa racionalidade tem feito – entre outros motivos – com que a pastoral perca sua amplitude popular e deixe, paulatinamente, de estar mergulhada na realidade da imensa maioria da população pobre e marginalizada socialmente. O forte acento messiânico presente nas CEBs tem criado uma identidade de minoria, o que gera um paradoxo, uma vez que são católicas. Por outro lado, a ressonância que os novos movimentos religiosos têm encontrado no universo existencial, cultural e simbólico do povo desafia os setores da pastoral popular a criarem novas sínteses entre evangelização e cultura.[54] O racionalismo e os modelos rígidos da prática pastoral precisam ser revistos a fim de dar lugar a uma compreensão da vida e da fé com um caráter mais ecumênico e plural.

Ainda sobre esse mesmo aspecto, mas especificamente quanto à análise da sociedade como passo metodológico já consagrado, Marcelo Azevedo apresenta algumas críticas:

> Em geral, o ver-julgar-agir tem sido aplicado em função de problemas imediatos, operativos, definidos por antecipação, em relação aos objetivos de estudos, de reunião e de programação. Quase sempre são breves análises sincrônicas ou prospectivas a curto prazo, em função de planos de ação ou de promoção. Os fatos (ver) são lidos à luz de critérios dos que "veem" e já por eles, em geral, previamente estabelecidos, consciente ou inconscientemente (...).
> Penso que boa parte da reflexão teológica, sensível a uma evangelização que liberte o homem todo, se apoia ainda quase que só na análise da sociedade. Tem nela seu referencial teórico, com frequência dominado ou influenciado quase só pela análise de classe e esta, não raro, vazada em categorias de inspiração marxista em múltiplos naipes de variada

procedência. Ainda quando se chega por aí a resultados inegáveis e constatações evidentes, é pobre a análise da realidade só nesses termos. No caso concreto do Brasil, ela se torna, por vezes, até mesmo dispensável. Com efeito, dada sua racionalização e simplificação, seu caráter repetitivo, redutor e quase sempre previsível, os resultados de tal análise podem ser facilmente antecipados, antes mesmo de se proceder a ela, de tal modo os fatos são evidentes e clamorosos. Daí a monotonia que caracteriza boa parte da bibliografia, na reiteração de clichês e jargões.[55]

O segundo aspecto encontra-se no crescimento e no fortalecimento institucional/eclesiástico das expressões religiosas de caráter intimista e massificante − como os movimentos avivalistas, carismáticos e pentecostais − em curso no transcorrer da década de 1980. Quanto ao vertiginoso crescimento do pentecostalismo, de maneira especial as organizações autônomas, é necessário afirmar que essas igrejas têm sido portadoras de sentido para parcelas consideráveis da população pobre, não obstante as suspeitas de ideologização da fé e de exploração religiosa por parte de líderes. O fato é que elas têm demonstrado forte capacidade de mobilização da população pobre e atendido a necessidades existenciais e religiosas do povo − não expressas por ele racionalmente. Embora, dentro do campo religioso brasileiro, essa expressão religiosa concorra fundamentalmente com matizes das religiões afro-brasileiras, não tem sido rara a transferência de participantes das Comunidades Eclesiais de Base ou de outras igrejas consideradas mais "tradicionais" para as pentecostais. Maria Clara Luchetti Bingemer indicou que

> Insatisfação, vazio, desencanto, são sinônimos de vulnerabilidade, fragilidade emocional. E essa vulnerabilidade é terreno fértil para a sedução, que pode vir como sedução do Sagrado. (...) Nossas igrejas, com seu aparato institucional, sua hierarquia solidamente estruturada, seu bem preciso

código de ética, suas liturgias pouco ou nada participativas parece que perderam sua capacidade de sedução (...).[56]

O terceiro aspecto relacionado ao referido sentimento de perplexidade, em especial dos agentes de pastoral, encontra-se no enrijecimento das burocracias eclesiásticas e no cerceamento de propostas pastorais, tanto católicas como protestantes, relacionadas direta ou indiretamente à Teologia da Libertação. João Batista Libânio utilizou a expressão "inverno da igreja" para indicar que "depois de viver o espírito primaveril do Concílio Vaticano II, a Igreja Católica mergulhou, nos anos 1980, num rigoroso inverno que reforçou a disciplina interna e a centralização".[57]

Um das dimensões que mais sofre refluxo é a perspectiva ecumênica das igrejas. No caso da Igreja Católica Romana, Giles Kepel, estudioso no campo das religiões, indica que

> Ao passo que o Concílio Vaticano II (1962-1965) parecia ter limitado a ambição da Igreja a explicitar a presença de Deus num mundo onde não se sabia mais reconhecê-la, o pontificado de João Paulo II, que começou em 1978, é marcado por uma reafirmação da identidade e dos valores católicos. (...) Na segunda metade da década de 1970, a Igreja se empenhou num processo de reafirmação da identidade católica que pretendeu dar um basta às incertezas surgidas depois do Concílio. (...) Essa estratégia se choca com a aspiração democrática de alguns católicos. Para estes, neste mundo a expressão da verdade final, da qual a Igreja é depositária, permanece subordinada à busca da liberdade empreendida por todos.[58]

Igualmente no universo das igrejas protestantes vivem-se processos internos de involução das propostas oficiais no tocante à questão ecumênica.

Esse quadro, que se consolidou ainda mais nos anos de 1990, é desafiador por diferentes motivos. Novos referenciais teológicos e pastorais precisariam ser buscados, pois os modelos estabelecidos, em função dos reducionismos que sofreram, não atendem adequadamente aos atuais desafios pastorais. É necessário analisar a realidade sob a luz de um novo princípio.

2.3.2. Lacunas e limitações teóricas

No quadro das questões teóricas, a teologia latino-americana necessita debruçar-se sobre alguns pontos.[59] O primeiro aspecto no campo teórico trata da articulação da dimensão do martírio e da cruz – que tão fortemente marcou os primórdios da Teologia da Libertação – com a da festa e do prazer. Esses elementos ainda não encontraram na produção teológica latino-americana o grau e o nível razoáveis de convivência. Por vezes, são apresentados dicotomicamente, quase sempre um em detrimento do outro. Quando reunidos, muitas vezes, estão justapostos, sem a articulação teológica e pastoral necessárias que indique a complementaridade deles e a contribuição de cada um desses aspectos no processo de renovação pastoral e de libertação.

Ainda no campo teórico encontra-se outra limitação da teologia, que é o seu aprisionamento por parte das igrejas. A eclesiasticocentricidade da produção teológica tem imposto a ela danos irreparáveis. Em primeiro lugar, pela primazia da produção confessionalista em detrimento da ecumênica. As agendas de cada igreja em particular são reforçadas e as questões relevantes da humanidade e da sociedade são destinadas a um segundo plano. Em segundo, está o próprio caráter competitivo entre as igrejas, uma vez que estas mobilizam boa parte de seus quadros pensantes para refletir sobre as questões e as estratégias de busca ou manutenção de hegemonia religiosa. Em terceiro lugar, danos pelo não estímulo de uma cultura plural, de criatividade e de liberdade. As produções teológicas realizadas no interior das instituições eclesiásticas tendem a serem tolhidas e até mesmo censuradas. Outros espaços e formas de produção teológica precisariam ser privilegiados, com vistas a responder as diferentes demandas que a sociedade impõe.

O terceiro aspecto apresentado – que tem-se revelado crucial no desenvolvimento da história do pensamento teológico – foi a relação entre Reino de Deus e história. Todas as teologias que fizeram tentativas de compatibilização do Reino com uma visão linear da história perderam substância e relevância. A produção latino-americana está fortemente envolta nesse aspecto, em função de várias de suas construções teóricas e simplificações pastorais. Quando, ao contrário, os grupos religiosos estabelecem suas metas para além da história, podem trazer para o interior dela conteúdos de maior radicalidade.[60] Hugo Assmann havia indicado tal questão referindo-se diretamente à Teologia da Libertação:

> Outra questão gorda, que atinge diretamente a ambiguidade de certas linguagens da Teologia da Libertação, é a da tensão dialética entre horizonte utópico e as formas institucionais requeridas para fazer história. É um dos pontos mais confusos no ideário das esquerdas latino-americanas. Quantos curtos-circuitos entre os eriçados anelos, tão descumpridos no cruel agora, e o salto a libertações perfeitas num amanhã declarado possível, depois da primeira colina ou à volta da primeira esquina. Para preservar o horizonte utópico – nunca totalmente realizável, mas sempre instigação necessária –, e para vislumbrar o passo-a-passo dos caminhos institucionais precários, mas possíveis, precisamos de uma crítica da razão utópica falaz: aquela que mata a dialética e utopiza instituições presentes (chamem-se mecanismos autorreguladores do mercado irrestrito ou projetos de planificação onímoda). Não há construção perfeita do Reino na história, porque ele é o horizonte que nos esquenta a esperança. O Reino que já está presente entre nós é apenas semente, sinal e fragmentária antecipação, o bastante para levar-nos, deveras, a abraçar corpos, causas e projetos.[61]

O Reino de Deus é incompatível com uma visão linear da história, seja ela de motivação científica, capitalista ou socialista. Para um aprofundamento da teologia latino-americana, esse aspecto precisa ser revisto e aprimorado.

2.3.3. Contra o messianismo que superdimensiona a historicidade do Reino

Reflexões similares sobre a relação entre Reino de Deus e história na Teologia da Libertação foram posteriormente encontradas em outro autor. Trata-se de Victor Codina, em seu artigo "A Teologia Latino-americana na Encruzilhada"[62], onde se encontra uma avaliação, embora tardia, das influências sofridas pela Teologia da Libertação em função das mudanças ocorridas no mundo no fim dos anos de 1980. Todavia, a revisão – nítida, por suposto – que o autor faz do tema "Reino de Deus" na perspectiva latino-americana contribui substancialmente para as reflexões deste capítulo.

Codina, para apresentar uma elaboração mais ampla e menos acentuadamente intra-histórica do Reino, baseia-se em duas pressuposições próprias da Teologia da Libertação. A primeira, ao referir-se a Clodovis Boff, indica que a "dimensão social do domínio e soberania de Deus expressa-se graças ao termo 'reino', que tem uma conotação claramente social e política". A segunda, refere-se a Lópes Vigil, ao citar as indagações desse autor:

– Não temos sido por demais messiânicos, com um messianismo próprio dos zelotes?

– Não temos sido por demais paternalistas, sem contar suficientemente com o povo, reduzindo-o a uma espécie de objeto de consumo ideológico e político?

– Não fomos demais voluntaristas, ligados em demasia à luta de classes, esquecendo outras dimensões humanas, como o ser mulher, jovem, indígena...?

– Não fomos por demais materialistas, esquecendo que o homem não vive só de pão, mas que quer sonhar, possuir coisas belas, imaginar e ver TV?[63]

Na sequência dessa análise, Codina questiona se a Teologia da Libertação não teria assimilado, acrítica e inconscientemente, a visão moderna e linear de tempo que, diferentemente da noção bíblica do *Kairos*, gera um messianismo político e militante, com o "risco de cair num voluntarismo moralista, no pragmatismo e funcionalismo que acaba por romper e esvaziar de conteúdo a mensagem evangélica".[64]

O autor destaca que o conceito de Reino deve ter base trinitária, não pode ser vinculado exclusivamente a "projetos culturais e históricos da Igreja". Antes, o Reino chega com o "espírito das bem-aventuranças, que tem os pobres como destinatários e primeiros beneficiários, pois é a partir deles que o Reino começa a tornar-se realidade".[65]

Nesse sentido, portanto, o autor destaca a possibilidade e a necessidade do Reino se realizar na história, ainda que não plenamente. Ao referir-se à necessidade de maior visão crítica por parte da Teologia da Libertação, especialmente em relação à noção moderna de tempo e de história e à de Reino que possua acento messiânico ou até mesmo milenarista, Codina reafirma que "é preciso conjugar a reserva escatológica com a instância escatológica".[66] Essa visão e espiritualidade, para o autor, abre o caminho para a ação libertadora.

3. Teologia da Libertação, marxismo e socialismo
3.1. A relação com o marxismo

Os debates em torno da relação entre Teologia da Libertação e marxismo foram intensos.[67] Essa problemática, inicialmente, esteve fortemente presente no início do anos de 1970, especialmente com o movimento "Cristãos para o Socialismo", no Chile. Na década de 1980, o que chamou mais a atenção dos teólogos, grupos eclesiais e até mesmo da opinião pública foram as questões levantadas pelo Vaticano em 1984, por intermédio da Sagrada Congregação para a Doutrina da Fé. Esse processo culminou com a publicação da "Instrução sobre alguns aspectos da Teologia da Libertação", pelo prefeito desse órgão, Cardeal Joseph Ratzinger. O ponto de maior polêmica foi o uso do marxismo por parte de teólogos da libertação.[68]

A polêmica constituída pela publicação da "Instrução" ganhou maior repercussão pública por esta ter sido divulgada no mesmo momento em que o teólogo Leonardo Boff tinha sido chamado a explicar-se diante da mesma Sagrada Congregação para a Doutrina da Fé sobre aspectos de suas obras, em especial o livro *Igreja, Carisma e Poder*.[69]

Todavia, em relação à "Instrução" do Vaticano, a maior parte da intelectualidade que acompanhou o processo – teólogos, cientistas da religião relacionados às igrejas e pensadores seculares, todos de renome – avaliou que a forma como a polêmica foi conduzida, assim como o conteúdo do documento em questão, revelavam uma compreensão bastante distorcida do que seria o marxismo e do que seria a Teologia da Libertação. Tratava-se, pois, de uma polêmica religiosa, intraeclesial, que contribuiu pouco para as discussões que já ocorriam em outros campos sobre o tema.[70] Nesse sentido, para as reflexões propostas neste capítulo não serão considerados os pormenores desse processo, ainda que ele tenha marcado significativamente os debates teológico-pastorais nos anos de 1980.

Para os propósitos deste capítulo interessa, sobretudo, não a polêmica, mas, sim, o debate que anteriormente já se dava entre teólogos da libertação e cientistas sociais sobre a utilização do marxismo pela Teologia da Libertação. Será o texto, já referido, do antropólogo Rubem Cesar Fernandes (out. 1983) que dará maior visibilidade ao debate. O autor, no artigo "Qual a medida da ferramenta marxista?",[71] a partir da ideia (concebida pela Teologia da Libertação) do marxismo como instrumento de análise da realidade, questiona, ao menos, dois aspectos. O primeiro refere-se às limitações do marxismo para a compreensão de elementos da realidade que não estão firmados na relação capital/trabalho. O autor lista exemplos próximos da esfera de atuação pastoral da Teologia da Libertação, como as sociedades indígenas, o campesinato, as minorias étnicas e as nacionalidades, a burocracia, as relações interpessoais e a subjetividade humana. Para cada um deles apresenta as bases teóricas que o levam a afirmar que o marxismo não oferece condições teóricas satisfatórias para a compreensão dos exemplos citados.

O segundo aspecto destacado pelo autor é o fato de que o marxismo, ao menos nas versões que vieram a dominar o seu discurso, não se pretende ou se autocompreende como teoria científica que possa ser relativizada ou conjugada com outras formas de conhecimento científico. Essa perspectiva acarreta um séria questão teórica para os teólogos da libertação:

> Fica, portanto, um problema para os teólogos cristãos que advogam a incorporação do marxismo como uma "ferramenta da fé": se for assimilado como instrumento científico, deve ser relativizado, posto num contexto mais amplo, lado a lado com outras perspectivas teóricas e normativas. Se, ao contrário, for isolado como a "chave do enigma" recém-descoberta, gera uma "socioteologia" que embora se legitime com a áurea da objetividade científica, rompe de fato com os seus princípios. Nesse caso a "ferramenta" vira "talismã", um instrumento mágico, modelo século XX, na disputa cruel pela salvação sociológica.[72]

Na sequência dessas reflexões, outras se apresentaram como reação. Destacam-se, entres pensadores ligados mais diretamente à Teologia da Libertação, os textos de Pedro Ribeiro ("O marxismo como ferramenta de cristãos") e de Clodovis Boff ("O uso do 'marxismo' em teologia").[73] Em geral, os dois textos não admitem que a compreensão da realidade possa ser limitada, na medida em que se utiliza o marxismo como instrumental de análise. Eles realçam o significado do marxismo como "teoria e prática da história a partir dos oprimidos", que "procura compreender a sociedade como um todo" e que "está voltado decididamente para a ação". Soma-se a isso o caráter dessa visão de "colocar na perspectiva histórica a imagem de uma sociedade reconciliada, de um mundo de irmãos. Ela pretende mostrar a viabilidade histórica desse futuro e inclusive o caminho para se chegar lá".[74] Os autores também redimensionam a "tentação" do totalitarismo, uma vez que a fé cristã, para eles, já se encontra "vacinada" pelas históricas experiências da Igreja.

A nova interpelação de Rubem César Fernandes refaz o caminho percorrido nos debates com o artigo "O totalitarismo é, ou não é, um problema?",[75] ao destacar a perspectiva de monopólio do saber científico – a mesma que divide entre "falsas" (as ideias divergentes) e "verdadeiras" (as próprias ideias) – e a ambição de cada "tribo" marxista em sentir-se confundida com a humanidade; ou seja, os anseios de uma visão são considerados como absolutamente legítimos. Mais uma vez o autor apresenta aspectos históricos da consolidação do marxismo e a sua identificação com perspectivas totalitárias a partir da vitória bolchevique que, entre outras consequências, desqualificavam as posturas revisionistas.

Essa avaliação parece indicar que, em especial nos anos de 1990, os setores hegemônicos da Teologia da Libertação não estiveram atentos o suficiente para a associação do marxismo com o totalitarismo. Isto possibilitou, em especial no campo prático, tendências idolátricas no tratamento e na avaliação dos projetos políticos históricos, como é o caso do socialismo. Os teólogos da libertação não afirmam que o socialismo é o Reino de Deus, mas o reducionismo no momento de compreender a realidade, o maniqueísmo presente nas formas de interpretação e de discernimento dessa mesma realidade e as propostas pouco plurais de ação tendem a reduzir, no plano teórico, a compreensão do Reino.

3.2. A relação com os países socialistas

Teólogos e cientistas da religião, representativos da Teologia da Libertação, estabeleceram relações formais, especialmente por intermédio de viagens, com setores eclesiásticos e governamentais de países socialistas como Cuba, os das antigas URSS e a República Democrática da Alemanha. Nesse grupo encontram-se Leonardo e Clodovis Boff, Frei Betto, Pedro Ribeiro de Oliveira e Jether Pereira Ramalho.

O registro e a reflexão sobre a experiência que tiveram podem ser agrupados em dois blocos de escritos.[76] O primeiro, de 1987, com relatos otimistas, encontra-se, sobretudo, nos artigos "Carta Teológica sobre Cuba". *Revista Eclesiástica Brasileira (REB)*, 46(182), jun. 1986, pp. 348-371 e "Carta Teológica sobre a União Soviética". *Revista de Cultura Vozes*, 6(81), nov./dez. 1987, pp. 5-35, de Clodovis Boff, "Teólogos brasileiros viajam à União Soviética". *Revista Eclesiástica Brasileira (REB)* 47(187), set. 1987, pp. 678-686, de Leonardo Boff, e ainda "A Religião no Socialismo Real". *Tempo e Presença* (224), out. 1987, pp. 21-22, de Pedro Ribeiro e "Diálogo com a Igreja na União Soviética". *Tempo e Presença* (224), out. 1987, pp. 17-20, de Jether Ramalho.

O segundo conjunto, de 1990, escrito após a "queda do muro de Berlim", possui um enfoque crítico ao "socialismo real" e afirma que, com a sua queda, a Teologia da Libertação não saiu abalada. Trata-se especialmente de dois textos de Leonardo Boff: "A implosão do socialismo autoritário e a Teologia da Libertação". *Revista Eclesiástica Brasileira (REB)*, 50(197), mar 1990, pp. 76-92, e "A implosão do socialismo e a Teologia da Libertação". *Tempo e Presença*, 12(252), jul./ago. 1990, pp. 32-36, e dois textos de Frei Betto: "O Socialismo morreu, viva o socialismo". *Tempo e Presença*, 12(252), jul./ago. 1990, pp. 17-20, "A Teologia da Libertação ruiu com o muro de Berlim?". *Revista Eclesiástica Brasileira (REB)*, 50(200), 1990, pp. 922-929.

No primeiro bloco de escritos estão presentes críticas ao "socialismo real", embora a impressão geral descrita é de admiração pelo conjunto de avanços sociais, tanto em Cuba como na União Soviética. Nas diferentes áreas da vida humana – saúde, trabalho, educação, lazer, ética e outros – são apresentados dados e observações que revelam avanços sociais significativos nesses países, com uma linguagem que revela admiração e apologia. Nas palavras de Leonardo Boff (sobre a URSS):

> Tem-se impressão de uma sociedade austera, limpa, saudável e ética. Não se encontram pobres nas ruas, nem favelas, nem a propaganda em função do consumo, nem sequer a propaganda do próprio socialismo. Há um despojamento de tudo o que é supérfluo e um atendimento bastante satisfatório de tudo o que é necessário. As pessoas encontram a infraestrutura da vida amplamente realizada: trabalho para todos, saúde para todos, comida para todos, moradia para a grande maioria da população.[77]

Todavia, como já referido, os relatos apresentam críticas ao sistema socialista soviético. No entanto, para cada crítica há uma justificativa correspondente, sempre em tom atenuador e relativizante. Dessa forma, os "erros e equívocos no socialismo soviético", como "sacrifícios humanos", repressão e "controle da vida social" ficam contemporizados com "aberturas que suscitam esperanças de um socialismo mais democrático com a *glasnost* e a *perestroika*...".[78] Da mesma forma, a postura ateísta do Estado e a sua contraposição (ou mesmo subestimação) da religião podem ser vistos, considerando o diálogo com representantes da Academia Soviética de Ciências, de outra maneira. Para Leonardo Boff, a discussão dessa questão estaria naquele momento mais de acordo com "a tendência da reflexão mais avançada (que) é reconhecer o estatuto antropológico da religião, respeitar-lhe o caráter originário e garantir-lhe o espaço social que lhe convém. Estimo que esses pensamentos revelam até que ponto estão chegando a abertura e a problematização a que está sendo submetida a sociedade soviética sob a influência do projeto político de Gorbachev".[79] Os escritos relativos a Cuba possuem esse mesmo perfil.

Não é possível fazer especulações sobre supostos motivos que levaram esses teólogos a não divulgarem, mais exaustivamente, críticas ao "socialismo real" em seus escritos. Supõe-se que os relatos de admiração em relação às conquistas sociais da União Soviética e Cuba seriam uma maneira pedagógica de se contrapor ao influxo predominante da propaganda capitalista. Também em momento algum foi afirmado por eles que o socialismo é o Reino de Deus. Todavia, a forma como descreveram a situação social de Cuba e da União Soviética, dados o entusiasmo, a apologia e a valorização positiva desses regimes, e o significado prático e simbólico das afirmações de teólogos dessa envergadura para milhares de agentes de pastoral e militantes políticos, marcaram efetivamente a relação de proximidade e de referência entre "socialismo real", Reino de Deus e Teologia da Libertação. Ou seja, esses elementos fazem emergir a pergunta se, como tendência, nos anos de 1980, não haveria uma inclinação idolátrica na identificação das aspirações da fé cristã, compreendida sob os princípios da Teologia da Libertação, com as conquistas sociais e éticas do socialismo naquele período.

O segundo conjunto de escritos está mais relacionado com o contexto dos anos de 1990. Nesse sentido, não é diretamente objeto das reflexões deste capítulo. A forma como foram redigidos e os conteúdos que apresentam se distanciam bastante do primeiro conjunto. As críticas ao "socialismo real" aparecem de maneira mais contundente e há uma preocupação em distinguir a Teologia da Libertação dos acontecimentos políticos do Leste europeu.

Os dois grupos de escritos foram analisados por Carlos Alberto Steil e algumas indicações desse autor podem ser relevantes para as reflexões sobre a Teologia da Libertação, em especial o caráter acentuadamente intra-histórico que o caracterizou nos anos de 1980. Para Steil, a visão de socialismo desse grupo de teólogos da libertação não conseguiu ir além do socialismo científico de Marx. Antes, remete-se a uma visão considerada ultrapassada, que é a do socialismo utópico, percebido como exigência moral. De forma similar, a visão de socialismo deles também não consegue ir além da crítica marxista do capitalismo. Antes, a partir de um maniqueísmo entre capitalismo e socialismo, baseia-se em uma "racionalidade ética católica", "acrescentado uma análise econômica à leitura moral". O autor também indica uma certa desconsideração por parte desse grupo de teólogos da libertação da originalidade do Cristianismo em manter a tensão "entre a negação do mundo e o compromisso com o mundo, sem pretender a eliminação de um ou de outro desses polos, nem buscar uma possível conciliação entre eles".[80] Dessa forma, fica mais uma vez indicada uma crítica à perspetiva intra-histórica presente na Teologia da Libertação. Steil destaca ainda algumas lacunas nos relatos em questão. Entre elas estão o tema do totalitarismo (que não se confunde com autoritarismo), um aprofundamento das questões relativas à sociedade civil no socialismo (uma vez que o contexto dos países é distinto do contexto latino-americano), uma análise mais apurada da questão das nacionalidades e a relação entre libertação e liberdade. Sobre esse último aspecto é necessário destacar que a liberdade pressupõe a ideia de diversidade, ou seja, "é preciso estabelecer mecanismos que regulem as diferenças existentes entre os homens". Portanto, o "foco da libertação" não pode distorcer a "imagem da liberdade".[81]

Conclusão

A análise da Teologia da Libertação nos anos de 1980, em especial os aspectos da relação entre Reino de Deus e história, se deu, em primeiro lugar, pela importância dessa visão teológica no panorama socioeclesial da América Latina. Soma a isso o fato de essa pesquisa pertencer ao quadro metodológico, temático e prático dessa teologia.

As avaliações feitas confirmaram certa intuição de que a Teologia da Libertação, nos anos de 1980, em especial em seus setores majoritários e autores mais divulgados, apresentou uma tendência em identificar demasiadamente o Reino de Deus com o socialismo. Isso se deu pela forma como o uso do instrumental marxista foi feito e pela referência prático-política de teólogos da libertação às experiências do chamado "socialismo real", tanto na Europa como na América Latina. Os teólogos da libertação não afirmaram que o socialismo é o Reino de Deus; portanto, suas perspectivas não podem ser avaliadas teologicamente como idolátricas. Contudo, os estudos destacaram o caráter acentuadamente intra-histórico do Reino exposto pela Teologia da Libertação, em especial nos anos de 1980, e as consequências prático-pastorais dessa ênfase, em especial um certo reducionismo nas análises sociais.

O panorama da relação entre Reino de Deus e história na Teologia da Libertação nos anos de 1980 foi apresentado a partir de três passos. O primeiro foi a indicação dos principais aspectos históricos e teológicos da Teologia da Libertação, com destaque para as suas referências bibliográficas básicas, para as condições históricas que possibilitaram esse novo paradigma teológico e para os temas-chave que norteiam essa visão teológica.

O segundo passo se constituiu da apresentação de alguns pontos críticos e de avaliação surgidos no interior da própria Teologia da Libertação. Foram priorizados os seguintes aspectos e autores: os riscos de reducionismos metodológicos e de dogmatismos na Teologia da Libertação (Juan Luis Segundo); a dificuldade dela em se confrontar com a conjuntura e a estrutura social (Hugo Assmann); a ausência da economia nas análises da Teologia da Libertação (Jung Mo Sung); a necessidade de revisão teológica a partir do "círculo hermenêutico" (Julio de Santa Ana); e a urgência de uma nova caminhada de libertação (José Comblin). Somou-se a isso a constatação de crise teológica e de um certo messianismo que superdimensiona a historicidade do Reino.

O terceiro passo dado relacionou mais diretamente a Teologia da Libertação com as questões relativas ao marxismo e às experiências concretas do socialismo. Foi analisada, sobretudo, não a polêmica com os setores eclesiásticos representada na

"Instrução sobre alguns aspectos da Teologia da Libertação", publicada pelo Vaticano por intermédio da Sagrada Congregação para a Doutrina da Fé (1984), mas o debate que anteriormente já se dava entre teólogos da libertação e cientistas sociais, sobre a utilização do marxismo pela Teologia da Libertação, em especial pela crítica às limitações desse instrumental para a compreensão de aspectos da realidade e pela associação dele com uma visão totalitária. Em relação às experiências socialistas, foram observados os relatos de viagens de teólogos da libertação a países socialistas, feitas na segunda metade da década de 1980.

As avaliações pareceram indicar que, em especial nos anos de 1980, os setores hegemônicos da Teologia da Libertação não estiveram atentos o suficiente para a associação do marxismo com o totalitarismo. Isso possibilitou, em especial no campo prático, tendências idolátricas no tratamento e na avaliação dos projetos políticos históricos, como é o caso do socialismo. O reducionismo no momento de compreender a realidade, o maniqueísmo presente nas formas de interpretação e de discernimento dessa mesma realidade e as propostas pouco plurais de ação tendem a reduzir, no plano teórico, a compreensão do Reino.

De maneira similar, a forma como os teólogos descreveram a situação social de Cuba e da União Soviética, dados o entusiasmo, a apologia e a valorização positiva desses regimes, e o significado prático e simbólico de suas afirmações para os agentes de pastoral e militantes políticos, marcaram efetivamente a relação de proximidade e de referência entre "socialismo real" e Reino de Deus. Nesse sentido, como tendência, nos anos de 1980, não haveria uma inclinação idolátrica na identificação expressa das aspirações da fé cristã, compreendida sob os princípios da Teologia da Libertação, com as conquistas sociais e éticas do socialismo naquele período? Trata-se de uma questão permanente e "aberta" para teólogos e grupos eclesiais preocupados com as temáticas que surgem do confronto entre Igreja e Sociedade e com a relação entre Reino de Deus e história.

Notas do Capítulo 1

[1] Procurei sintetizar tais abordagens em "Has Liberation Theology Died? Reflections on the Relationship between Community Life and the Globalization of the Economic System". *The Ecumenical Review,* 51(3), July 1999, pp. 304-314.

[2] Como alternativa, poderia ser mencionada a obra organizada por Ignacio Ellacuria e Jon Sobrino *Mysterium Liberationis: Conceptos Fundamentales de Teologia de la Liberación.* Madri-Espanha, Ed. Trotta, 1990. Trata-se de dois volumes densos (642 pp. e 689 pp.) reunindo 47 ensaios, quase todos de autores latino-americanos, contendo questões históricas, metodológicas e uma sistematização dos temas teológicos fundamentais.

[3] *Como Fazer Teologia da Libertação,* p. 97.

[4] Sobre as transformações eclesiais a partir do Concílio Vaticano II, existe uma vastíssima bibliografia. Para uma interpretação desta temática ver Carlos Palácio. "A Identidade Problemática: em torno do mal-estar cristão". *Perspectiva Teológica,* 21(54), mai./ago. 1989, pp. 151-177.

[5] Sobre a renovação eclesiológica vivenciada a partir da formação e da prática das CEBs, existe também ampla bibliografia. Para uma visão de conjunto, considerando os aspectos históricos, teológicos e prático-pastorais, ver as obras de Faustino Luis do Couto Teixeira: a) *A Fé na Vida: um estudo teológico-pastoral sobre a experiência das Comunidades Eclesiais de Base do Brasil.* São Paulo-SP, Loyola, 1987; b) *Comunidades Eclesiais de Base: bases teológicas.* Petrópolis-RJ, Vozes, 1988; c) *A Gênese das CEBs no Brasil: elementos explicativos.* São Paulo-SP, Paulinas, 1988. Ou ainda a de Marcelo de Carvalho Azevedo. *Comunidades Eclesiais de Base e inculturação da fé.* São Paulo-SP, Loyola, 1986, e as de vários autores, organizada por ISER-Assessoria, *As Comunidades Eclesiais de Base em Questão.* São Paulo-SP, Paulinas, 1997.

[6] É importante destacar essas duas bases da prática socioeclesial porque elas sofreram profundas mudanças nos anos de 1990, como será visto posteriormente. Nas áreas rurais muitas famílias perderam a terra e foram forçadas a se mudarem para áreas urbanas ou a viverem nos mesmos locais em condições de vida abaixo dos níveis considerados humanos face ao processo de exclusão social. Nas questões sindicais, as principais tensões deixaram de ser em torno da relação capital & trabalho e passaram a referir-se fundamentalmente à acumulação de recursos e à concentração de poder nas mãos do setor bancário e dos grupos financeiros.

[7] Cf. Op. cit, pp. 82-84.

[8] Cf. capítulos iniciais de Paulo Fernando Carneiro de Andrade. *Fé e Eficácia.* (Op. cit.) e Jung Mo Sung. *Teologia e Economia* (Op. cit.). Veja também a descrição de aspectos históricos da Teologia da Libertação feita por Luigi Bordin em

"Teologia da Libertação e Marxismo no contexto da Libertação". *Revista Eclesiástica Brasileira (REB)*, 59(233), mar. 1999, pp. 127-151.

[9] Op. cit., p. 23.

[10] Op. cit., pp. 45-46.

[11] Já em 1978, devido à polêmica com setores do episcopado latino-americano contrários à Teologia da Libertação, Leonardo Boff, com vistas à Conferência Episcopal de Puebla, sintetiza os pontos e preocupações centrais da Teologia da Libertação, especialmente o seu método. No artigo "Teologia da Libertação: o mínimo do mínimo". *Revista Eclesiástica Brasileira (REB)*, 38(152), dez 1978, pp. 696-705, Leonardo Boff apresenta, sobretudo as mediações socioanalítica, hermenêutica e prático-pastoral, formuladas e divulgadas nesse mesmo ano por seu irmão, Clodovis Boff, na obra *Teologia e prática: teologia do político e suas mediações*, já referida

[12] Um dos momentos privilegiados de articulação das práticas são os Encontros Intereclesiais de CEBs, realizados desde 1975. Para uma visão global veja *Os Encontros Intereclesiais de CEBs no Brasil*, de Faustino Luis Couto Teixeira. São Paulo-SP, Paulinas, 1996. Sobre a experiência dos intereclesiais veja também os meus artigos publicados na *Revista Eclesiástica Brasileira (REB)*: "Um Encontro de Ecumenismo, Solidariedade e Esperança: Sétimo Intereclesial de CEBs". 49(195), jul/set 1989, pp. 578-585 (também publicado em *Tempo e Presença* (243), jul 1989), "CEBS e Ecumenismo: uma discussão a partir da dimensão ecumênica do Oitavo Intereclesial", 52(208), dez 1992, pp. 846-855, "Caminhar juntos: um balanço da trajetória ecumênica das CEBs no Brasil". 57(228), dez 1997, pp. 867-880 (Este em conjunto com Jether Pereira Ramalho).

[13] Cf. Alfonso Garcia Rúbio. *Teologia da Libertação: Política ou Profetismo?* p. 84.

[14] "Libertação e Alteridade: 25 anos de história da Teologia da Libertação". *Revista Eclesiástica Brasileira (REB)*, 57(225), mar 1997, p. 120.

[15] "A Teologia da Libertação no Contexto Econômico-Social da América Latina: Economia e Teologia ou a Irracionalidade do Racionalizado (I)". *Revista Eclesiástica Brasileira (REB)*, 56(221), mar 1996, pp. 45-61. O artigo possui uma segunda parte em 56(222), jun 1996, pp. 331-347, onde o autor analisa como o "império" produziu, nos anos de 1980, uma "teologia" que cooptou expressões (embora distorcidas e ideologizadas) da Teologia da Libertação, como a questão dos pobres. São analisados, por exemplo, discursos do secretário-geral do Fundo Monetário Internacional sobre o Reino de Deus.

[16] *Crítica à Lógica de Exclusão: ensaios sobre economia e teologia*. São Paulo-SP, Paulus, 1994, pp. 16-17.

[17] Devido às transformações sociopolíticas e econômicas vivenciadas especialmente na década de 1990, torna-se inevitável e imperativo destacar e aprofundar essa distinção que alguns teólogos já indicavam desde o início dos anos de 1980.

[18] *O Reino e a História: problemas teóricos de uma teologia da práxis.* Rio de Janeiro-RJ, Loyola/PUC, 1982. p. 43. O autor já indicara tal questão em "Emancipação histórica e reflexão teológica: considerações sobre a 'Teologia da Libertação'". *Perspectiva Teológica,* 10(20), jan/abr 1978, pp. 7-29.

[19] Cf. *Como fazer Teologia da Libertação*, pp. 65-89.

[20] *Ecologia, mundialização e espiritualidade: a emergência de um novo paradigma.* São Paulo-SP, Ática, 1993; *Nova Era: a civilização planetária – desafios à sociedade e ao cristianismo.* São Paulo-SP, Ática, 1994; *Ecologia: grito da terra, grito dos pobres.* São Paulo-SP, Ática, 1995; *Princípio-Terra: a volta à Terra como pátria comum.* São Paulo-SP, Ática, 1996.

[21] Pablo Richard, em 1988, apresentou um elenco razoável de autores, temas e veículos da Teologia da Libertação em "Literatura Teológica da América Latina". *Concilium* (219), 1988/5, pp. 98-109.

[22] "Esboço para uma Teologia da Proscrição". *Contexto Pastoral,* 2(7), mar-abr/ 1992. Veja também outros dois artigos: "A Busca do Elo Perdido: Teologia e Revolução" (pp. 77-94) e "Crônicas dos Anos de Fogo" (pp. 167-190), publicados em Claudio de Oliveira Ribeiro & José Bittencourt Filho (orgs). *Por uma Nova Teologia Latino-Americana: a Teologia da Proscrição.* São Paulo-SP, Paulinas, 1996.

[23] Veja, nesse sentido, as análises de João Batista Libânio, especialmente o item "Período de revisão: 1989" (pp. 19-24), no já referido livro *Vinte anos de teologia da América Latina e no Brasil.* (Essa avaliação já havia sido publicada dois anos antes em "Panorama da teologia da América Latina nos últimos 20 anos". *Perspectiva Teológica,*24(63), mai./ago. 1992, pp. 147-192); e de Pablo Richard, em "La Teologia da la Liberacíon en la Nueva Coyuntura: temas y desafios nuevos para la década de los noventa". *Pasos* (34), mar/abr 1991, pp. 1-8.

[24] "Implosão do Socialismo e Teologia da Libertação". *Tempo e Presença,* 12(252), jul./ago. 1990, pp 32-36 e "Implosão do Socialismo Autoritário e a Teologia da Libertação". *Revista Eclesiástica Brasileira (REB),* 50(200), 1990, pp. 76-92, ambos de Leonardo Boff; "O Socialismo morreu, Viva o Socialismo". *Tempo e Presença,* 12(252), jul./ago. 1990, pp. 17-20 e "A Teologia ruiu com o Muro de Berlim?". *Revista Eclesiástica Brasileira (REB),* 50(200), 1990, pp. 922-929, ambos de Frei Betto.

[25] São Paulo-SP, Ed. Perspectiva, 1996, 4 ed.

[26] Nesse sentido, veja as análises de Clodovis Boff "A Teologia da Libertação e a crise de nossa época". In: Leonardo Boff (org.). *A Teologia da Libertação: balanço e perspectivas.* Op. cit., pp. 98-113; e de José Maria Vigil "Mudança de Paradigma na Teologia da Libertação?". *Revista Eclesiástica Brasileira (REB),* 58(230), jun. 1998, pp. 311-328.

[27] Os escritos de Rubem Alves que marcaram a sua reflexão nos anos de 1980 e 1990 encontram-se principalmente na coluna que o autor possui na revista ecumênica

Tempo e Presença. A maior parte deles foi, posteriormente, organizada em dezenas de coletâneas publicadas por diferentes editoras. Para o caso de uma análise mais detida sobre a Teologia da Libertação, veja o prefácio denominado "Sobre Deuses e Caquis", que o autor escreveu a propósito da edição brasileira (1987) de sua tese *Towards a Theology of Liberation* (Por uma Teologia da Libertação) (1969). Em relação a esse prefácio, há uma coletânea de artigos sobre ele em "Sobre Deuses e Caquis: teologia, política e poesia em Rubem Alves". *Comunicações do ISER*, 7(32), 1988.

[28] Para uma visão geral, veja *Este cristianismo inquieto: a fé cristã encarnada, em J.L. Segundo*, de Afonso Murad (São Paulo-SP, Loyola, 1994), *Juan Luis Segundo: uma teologia com sabor de vida*, organizado e traduzido por Afonso Maria Ligorio Soares (São Paulo-SP, Paulinas, 1997[1996]), *Livres e Responsáveis: o legado teológico de Juan Luis Segundo* (São Paulo-SP, Paulinas, 1998), com entrevistas com o teólogo feitas por Jesus Castillo Coronado, e *A Concepção de Fé de Juan Luis Segundo,*, de Eduardo Gross (São Leopoldo-RS, Sinodal/IEPG, 2000). Nessa última obra, há um capítulo dedicado às aproximações entre Segundo e Tillich.

[29] Cf. Afonso Murad. Op. cit., pp. 194-198.

[30] São Paulo-SP, Loyola, 1975.

[31] Das edições brasileiras, veja especialmente: *Libertação da Teologia*. São Paulo-SP, Loyola, 1978 [1975]; *O Homem de Hoje diante de Jesus de Nazaré* – 3 volumes. São Paulo-SP, Paulinas, 1985 [1982]; *O Dogma que Liberta: fé, revelação e ministério dogmático*. São Paulo-SP, Paulinas, 1991 [1989]; *Que Mundo? Que Homem? Que Deus? Aproximações entre ciência, filosofia e teologia*.São Paulo-SP, Paulinas, 1995 [1993].

[32] Um debate mais explícito pode ser encontrado em "Nota sobre ironias e tristezas: que aconteceu com a Teologia da Libertação em sua trajetória de mais de vinte anos? (Resposta a Hugo Assmann)". *Perspectiva Teológica*, 15(37), set/dez 1983, pp. 385-400.

[33] Especialmente o artigo "Teologia da Solidariedade e da Cidadania: continuando a Teologia da Libertação". *Notas – Jornal de Ciência da Religião*, 1(2), jan/fev, 1994, publicado posteriormente em *Crítica à Lógica de Exclusão: ensaios sobre economia e teologia*. São Paulo-SP, Paulus, 1994, pp. 13-36. Veja ainda uma palestra proferida em 1991, intitulada "Teologia da Libertação: olhando para a frente", publicada em *Desafios e Falácias: ensaios sobre a conjuntura atual*. São Paulo-SP, Paulinas, 1991, pp. 69-94, onde o autor também faz uma análise crítica de alguns aspectos da Teologia da Libertação.

[34] *Crítica à Lógica de Exclusão*, p. 20.

[35] Id. ibid., p. 14.

[36] Id. ibid., p. 28.

[37] Op. cit., pp. 265-266. Veja também do autor as obras: *A Idolatria do Capital e a Morte dos Pobres*. São Paulo-SP, Paulinas, 1989; *Experiência de Deus: Ilusão ou Realidade?* São Paulo-SP, FTD, 1991; *Deus numa Economia sem Coração – Pobreza e Neoliberalismo: um desafio à evangelização*. São Paulo-SP, Paulinas, 1992; *Se Deus existe por que há*

tanta pobreza? A fé cristã e os excluídos. São Paulo-SP, Paulinas, 1995; *Desejo, Mercado e Religião.* São Paulo-SP, Fonte Editorial, 2010.
[38] *Teologia e Economia,* p. 269.
[39] Cf. Id. ibid., pp. 265-271.
[40] Para isso veja a obra *O Amor e as Paixões: crítica teológica à economia política.* Aparecida-SP, Ed. Santuário, 1989.
[41]Cf. Gustavo Gutierrez. "O círculo hermenêutico" (mimeo) citado por Júlio de Santa Ana em "Questões Atuais da Reflexão Pastoral e Teológica da Libertação". *Papos,* 3(5), jan./1991. As reflexões a seguir são extraídas desse artigo, que teve circulação restrita, mas que contém aspectos que se encontram apresentados, embora não sistematizados da mesma forma, em outros escritos do autor.
[42] Essas discussões, já na primeira metade da década de 1980, eram travadas por diversos teólogos e cientistas e podem ser revisitadas e ampliadas. Veja especialmente o conhecido texto de Rubem Cesar Fernandes. "Qual a Medida da Ferramenta Marxista?" *Comunicações do ISER,* 2(6), out. 1983. Como reação a esse texto, surgiu um conjunto de artigos de renomados teólogos e cientistas sociais aprofundando a questão, como será visto nos itens seguintes deste capítulo.
[43] "Questões Atuais da Reflexão Pastoral e Teológica da Libertação". Op. cit., p. 35.
[44] São Paulo-SP, Paulus, 1996.
[45] Cf. "La Teologia: una función eclesial". *Páginas,* 19(13), dez., 1994.
[46] *Cristãos rumo ao Século XXI: nova caminhada de libertação,* pp. 38-39.
[47] Id. ibid., p. 103.
[48] Cf. Id. ibid., pp. 97-105.
[49] Cf. Id. ibid., pp. 153-179.
[50] Cf. Id. ibid., pp. 110-117.
[51] Id. ibid., pp. 203-204.
[52] Claudio de Oliveira Ribeiro. *Perspectiva Teológica,* 27(72), mai./ago. 1995, pp. 189-212 (publicado também com ajustes em *Selecciones de Teologia,* 38(150), extra 1999, pp. 107-119). Veja também "Mudanças e Desafios: a pastoral e a teologia latino-americanas em questão". *Revista de Cultura Teológica,* 3(12), jul./ set. 1995, pp. 69-97.
[53] Esta, como se sabe, é marcada por elementos mágicos e místicos, fruto de uma simbiose das religiões indígenas, africanas e do catolicismo ibérico. Cf. José Bittencout Filho. "Matriz Religiosa Brasileira: notas ecumênicas". *Tempo e Presença* 14(264), jul./ago. 1992, pp. 49-51.
[54] Cf. o meu artigo "Pluralidade e Gratuidade: caminho para o debate entre evangelização e cultura". *Tempo e Presença,* 14(262), mar./abr. 1992, pp. 35-37.

[55] *Entroncamentos & Entrechoques: vivendo a fé em um mundo plural.* São Paulo-SP, Loyola, 1991. pp. 184 e 194.

[56] "A sedução das seitas". *Jornal do Brasil*, 24/6/1990). Veja, da mesma autora, "A Sedução do Sagrado". *Religião e Sociedade*, 16/1-2, nov. 1992, pp. 82-93.

[57] Cf. título de artigo publicado em *Tempo e Presença*, 12(249), jan./fev. 1990, pp. 29-31. Nesta mesma perspectiva, está um conjunto de artigos publicados em *Comunicações do ISER*, 9(39), 1990, com o título geral de "Estação de Seca na Igreja".

[58] *A Revanche de Deus: cristãos, judeus e muçulmanos na reconquista do mundo.* São Paulo-SP, Siciliano, 1991, pp. 65 e 122-123.

[59] Cf. Id. ibid., pp. 202-211.

[60] Cf. Luís Alberto Gómes de Souza. "Um Tecido Social em Mutação". *Tempo e Presença*, (17)282, jul./ago. 1995, pp. 5-8.

[61] *Desafios e Falácias: ensaios sobre a conjuntura atual*, p. 86.

[62] *Perspectiva Teológica*, 31(84), mai./ago. 1999, pp. 181-200.

[63] Id. ibid., p. 190.

[64] Id. ibid., p. 193.

[65] Idem.

[66] Id. ibid., p. 194.

[67] Duas boas obras podem oferecer uma visão panorâmica e ao mesmo tempo profunda dessa temática. A primeira é *Teologia da Libertação e Marxismo*. São Leopoldo-RS, Sinodal, 1996, de Ênio R. Mueller. O autor, na primeira parte do trabalho, analisa a relação com o marxismo nas obras de Gustavo Gutiérrez, José Miguez-Bonino, Juan Luis Segundo, José Comblin, Samuel da Silva Gotay, Leonardo Boff, Clodovis Boff, Ignacio Ellacuria e João Batista Libânio. Na segunda parte da obra, analisa a relação com o marxismo no processo hermenêutico da Teologia da Libertação. A segunda obra é *Marxismo e Teologia da Libertação*. São Paulo-SP, Ed. Cortez, 1991, de Michael Löwy. Ainda desse mesmo autor, podem ser acrescidos dois artigos que merecem apreciação, pela natureza de síntese que eles possuem: "O catolicismo latino-americano radicalizado". *Comunicações do ISER*, 7(30), 1988, pp. 21-30; e "A crítica ao fetichismo capitalista: de Marx à Teologia da Libertação". *Caderno do CEAS* (186), mar./abr. 2000, pp. 71-81; e o livro *A Guerra dos Deuses: religião e política na América Latina*. Petrópolis-RJ, Vozes/Clacso/LPP, 2000.

[68] O material a respeito desse assunto é bastante amplo. Foram feitas muitas análises, em diferentes pontos de vista, e uma quantidade razoável de textos foi publicada por diferentes grupos e editoras. Mesmo a imprensa secular publicou análises e considerações a respeito. Para uma visão geral, veja o número da *Revista Eclesiástica Brasileira (REB)*, 44(176), dez 1984, que contém 14 artigos sobre o tema, e *Comunicações do ISER*, 6(25), mai.1987, que reproduz nove análises da época. Além desses, veja também quatro artigos, entre outros, publicados em *Perspectiva Teológica*: "Teologia

e marxismo na América Latina: algumas observações sobre o tema" [16(40), set/dez 1984, pp. 291-311], de José Comblin; "Gnose marxista e teoria cristã: análise da Instrução romana sobre a Teologia da Libertação". [17(41), jan./abr. 1985, pp. 77-86], de Félix A Pastor; "A Instrução sobre a Teologia da Libertação". [17(42), mai./ago. 1985, pp. 151-178], de João Batista Libânio e Ulpiano Vásquez; e "A Igreja da América Latina, a Teologia da Libertação e a Instrução do Vaticano: um discernimento". [17(43), set./dez. 1985, pp. 293-323], de Carlos Palácio. Também uma análise posterior pode ser vista, já sem ligação direta com a Instrução romana, em "A desmistificação do marxismo da Teologia da Libertação", de Otto Maduro, em *Comunicações do ISER*, 9(39), 1990, pp. 55-72.

[69] Para isso, veja a crônica eclesiástica, de Leonardo Boff, "Minha convocação à Sagrada Congregação para a Doutrina da Fé: um testemunho pessoal". *Revista Eclesiástica Brasileira (REB)*, 44(176), dez. 1984, pp. 845-852.

[70] Veja, especialmente, as seguintes avaliações: "O marxismo e a Teologia da Libertação" (pp. 5-9), de Leandro Konder; "O marxismo em questão: a propósito da 'Instrução' sobre alguns aspectos da Teologia da Libertação" (pp. 11-16), de Pedro Ribeiro; "Discurso sobre presenças e discurso sobre ausências" (pp. 35-41), de Rubem Alves; e "Observações pós-marxistas à margem do documento do cardeal Ratzinger" (pp. 43-48), de Rubem Cesar Fernandes, todos em *Comunicações do ISER*, 3(11), nov. 1984. Veja também um texto anterior de Leonardo e Clodovis Boff: "Cinco observações de fundo à intervenção do Cardeal Ratzinger acerca da Teologia da Libertação de corte marxista". *Revista Eclesiástica Brasileira (REB)*, 44(173), mar. 1984, pp. 115-120.

[71] *Comunicações do ISER*, 2(6), out. 1983, pp. 2-9.

[72] Id. ibid., p. 7.

[73] Publicados em *Comunicações do ISER*, respectivamente, em 2(7), dez. 1983, pp. 2-6 e 3(8), mar. 1984, pp. 11-16.

[74] Clodovis Boff. *Comunicações do ISER*, 3(8), mar 1984, pp. 11-12.

[75] *Comunicações do ISER*, 3(8), mar. 1984, pp. 2-10.

[76] Carlos Alberto Steil, no artigo "Viagens à Terra Prometida: uma análise dos relatos de viagem dos teólogos da libertação aos países socialistas". *Comunicações do ISER*, 12(44), 1993, pp. 32-41, discute as implicações que as mudanças no Leste europeu impuseram à Teologia da Libertação.

[77] Leonardo Boff. "Teólogos brasileiros viajam à União Soviética", p. 680.

[78] Idem.

[79] Id. ibid., p. 685.

[80] Carlos Alberto Steil. Op. cit., pp. 38.

[81] Cf. id.ibid., pp. 37-40.

74

CAPÍTULO II

PERSPECTIVAS TEOLÓGICAS PARA O COMBATE À IDOLATRIA[1]

Introdução

Espera-se que, com as reflexões a seguir, se ofereça um conjunto de indicações teológicas que busquem responder questões prementes do contexto latino-americano no tocante aos riscos e às possibilidades de iniciativas e projetos humanos tenderem a ser idolatricamente identificados com o Reino de Deus ou com dimensões teológicas similares.

Entre diversas possibilidades de análise, serão destacados quatro aspectos teóricos a partir do pensamento do renomado teólogo Paul Tillich (1886-1965)[2] que poderão se constituir em uma razoável contribuição para o pensamento teológico latino-americano, face aos desafios que para ele são apresentados na atualidade. O primeiro aspecto refere-se mais diretamente a questões metodológicas – ponto de destaque tanto na teologia de Tillich como na Teologia da Libertação, referências teóricas desse trabalho. No campo das interpretações serão discutidas algumas questões como o valor da interdisciplinaridade, a especificidade da produção teológica e a crítica à formas de absolutismo na formulação das verdades científicas.

O segundo grupo de questões disputadas se dará em torno do tema do exclusivismo cristão como tendência geradora de formas idolátricas de pensar e de agir. Serão destacados os aspectos sobre a importância do diálogo e o lugar da dimensão salvífica no debate teológico.

75

O terceiro terá a ênfase no Reino de Deus como realidade teológica que está "para além da história", para contribuir com a crítica e com uma relativização de posturas e práticas que não valorizam a história (como as visões fundamentalistas criaram) ou que superdimensionam o aspecto intra-histórico em detrimento do trans-histórico. Nesse sentido, serão destacados o valor da história para a teologia, o caráter de incerteza que é próprio do futuro, ao contrário das visões deterministas, e o valor da utopia do Reino como elemento teológico de fundamental importância para o discernimento das ações históricas e para o combate à idolatria.

Por fim, uma análise que se encontra no âmago da Teologia Latino-Americana e invariavelmente sofre críticas, especialmente dos setores mais conservadores que é a prática política dos cristãos.

1. Questões no campo das interpretações

Paul Tillich estabeleceu, com envergadura, um diálogo com as ciências. Esse fato é motivação suficiente para atestar a atualidade de sua produção teológica, assim como para recriar os referenciais que produziu, tendo em vista uma ampliação de horizontes metodológicos e de conteúdos da teologia latino-americana.

Como se sabe, a metodologia teológica latino-americana destacou-se por conter mediações, em especial as do tipo socioanalítico. Trata-se de, primeiramente, compreender a realidade social e esta ser bíblica e teologicamente julgada, em um segundo momento. O passo metodológico seguinte requer uma mediação prática, cujas experiências privilegiaram historicamente as questões em torno da relação fé e política. Inspirando todo esse processo teológico encontra-se a preocupação de intervenção social, firmada na máxima eclesial da "opção preferencial pelos pobres".

Tillich, de igual modo, viveu uma situação socioeconômica que demandava, ao mesmo tempo, interpretação e ação. Ele, como visto, considerava ser necessária uma análise da situação mundial, observada à luz da crítica à cultura burguesa e com o auxílio de categorias derivadas do princípio protestante, em especial em sua aplicação para a religião e a cultura. Por outro lado, uma análise dessa situação mundial jamais poderia estar isenta de uma prática política concreta, se realizada sob a ótica do princípio protestante.

Ao se considerar o contexto latino-americano – especialmente a Teologia da Libertação – e a produção teológica de Paul Tillich é possível identificar, entre outros aspectos, pelo menos três polos de questões que favorecem o diálogo entre essas teologias. Trata-se da ênfase na interdisciplinaridade, como valor metodológico, da especificidade teológica em articular os conteúdos bíblicos com a compreensão científica da realidade, e da crítica teológica aos absolutismos presentes também nas verdades científicas.

1.1. O valor da interdisciplinaridade

Como foi visto, Tillich ampliou o debate da teologia com as ciências sem comprometer essas duas esferas. Dialogou com a sociologia, com a política, com a história e com a psicanálise, além de outros campos como o das artes. Por manter esse leque considerável de debates, sua produção teológica fugiu de reducionismos ou de pragmatismos. Ao mesmo tempo, o teólogo indicou que a perspectiva profética da produção teológica não precisa estar em contraposição à tradição clássica da igreja, mas sim em diálogo crítico e renovador. Tillich elaborava suas críticas a partir de dentro da própria tradição e não como se tivesse em posição de fora, neutra ou ao lado dela. Ele, por uma decisão existencial e de fé, encontrava-se no "círculo teológico".

Esses dois aspectos, entre outros, mostram a relevância da contribuição do autor para a teologia latino-americana no momento crucial de revisão e de aprofundamento em que ela vive.

Vários aspectos da teologia de Paul Tillich precisam ser destacados e pressupostos nas reflexões que pretendem fazer aproximações – críticas, por suposto – com a teologia latino-americana. No entanto, Tillich, em seu profícuo debate com as ciências, indicou, ainda nos anos de 1920, a necessidade das mediações analíticas no fazer teológico. Por outro lado, imbuído da vocação protestante, tornou-se um dos teólogos mais críticos do século XX, em especial às formas de dogmatismos e de cristalizações de experiências religiosas e de manifestações culturais. Isso se dava, em especial, por ter fundamentalmente a realidade cultural como solução ao problema da mediação.

No contexto latino-americano, o debate sobre a relação entre a teologia e as ciências trouxe mais uma vez à tona a questão não resolvida entre fé e razão. Um dos aspectos foi o debate em torno da utilização do marxismo como instrumental de análise da realidade.[3] Desde os anos de 1980 já estava indicada para a teologia e a pastoral latino-americanas a necessidade de se articularem as análises da realidade a partir do marxismo com outras teorias como a sistêmica, as ciências antropológicas e a psicologia social, entre outras. Ou seja, se por um lado a metodologia teológica latino-americana, por exigir as mediações socioanalíticas, possui uma base interdisciplinar, por outro lado, havia uma crítica a um certo "sociologismo" dos setores hegemônicos da Teologia da Libertação. Com isso, procura-se evitar reducionismos metodológicos e político-pragmáticos.

Se forem considerados os aspectos do quadro sociorreligioso e teológico latino-americano das últimas décadas do século XX, em especial no que diz respeito aos processos de análise da realidade, é possível constatar ao menos dois aspectos: houve nos setores hegemônicos da Teologia da Libertação uma certa absolutização do instrumental sociológico em contraposição à perspectiva interdisciplinar, para a compreensão da realidade, presente nos primórdios dessa teologia. A assim chamada Teologia da Prosperidade – que marca os atuais movimentos religiosos –, por sua vez, não utiliza categorias científicas para compreender a realidade, baseando-se em interpretações religiosas.

Ainda sobre a compreensão e interpretação da realidade e as consequentes propostas de ação, é necessário afirmar que setores da Teologia da Libertação e a Teologia da Prosperidade, em função de suas bases teóricas, apresentam reducionismos no momento de compreender a realidade, expressões de maniqueísmo nas formas de interpretação e de discernimento dessa mesma realidade, e propostas pouco plurais de ação que tendem a reduzir, no plano teórico, a compreensão do Reino. Portanto, uma das questões disputadas no campo teológico é o valor da interdisciplinaridade. Para isso, no diálogo com a teologia latino-americana é necessário destacar que as experiências de vida de Paul Tillich, o seu método de trabalho e a vivência acadêmica criaram uma visão bastante interdisciplinar para a sua reflexão teológica. Ele dialogou com os movimentos políticos, sociais, filosóficos, científicos e artísticos, sempre em busca da dimensão religiosa suprema presente nas culturas. Tillich viveu sempre "na fronteira" entre a teologia e a filosofia, entre a igreja e a sociedade, entre a religião e a cultura. A imaginação filosófica dotou Tillich de uma capacidade para combinar categorias, para efetuar abstrações em termos concretos e para utilizar diferentes possibilidades conceituais. A perspectiva interdisciplinar e a pluralidade, por suposto, são elementos fundamentais para a reflexão teológica.

Essas reflexões também referem-se às questões sobre o marxismo. As indicações de Tillich estão em sintonia com as críticas que setores da Teologia da Libertação sofreram nos anos de 1980, como já visto.[4] Todavia, as indicações desse autor ganham ainda maior relevância, uma vez que foram forjadas desde os anos de 1920, como integrante da Escola de Frankfurt. Em relação ao marxismo, Tillich: a) questiona a base economicista da interpretação materialista da história a partir de uma noção de economia que, ao contrário de ser uma "coisa", é uma realidade complexa e multifacetária. b) propõe que o conceito de ideologia deve ser aplicado ao próprio socialismo, quando este adotar uma crença na harmonia ou mesmo quando tentar ocultar suas tensões internas. c) indica que o ser e a história devem ser compreendidos, não como coisas abstratas, mas como dinamicamente se apresentam na realidade. d) questiona a supressão das questões teóricas mais prementes e abrangentes em função do imediatismo político ou do totalitarismo.

A conjugação teórica de diferentes perspectivas de compreensão da realidade, ao lado da interpretação bíblico-teológica que compreende a fé sobretudo como fator de relativização de verdades – científicas ou não –, tal como indicou Paul Tillich, uma vez assumida mais profundamente pela teologia latino-americana; poderá ser um canal de retomada de alguns de seus princípios fundantes e, consequentemente, uma possibilidade de aperfeiçoamento metodológico e de conteúdos.

1.2. A especificidade da produção teológica

Diferentes áreas das ciências têm dedicado esforços para compreensão dos novos aspectos da realidade social, cultural, política e econômica que se configuraram nas últimas décadas do século XX, em especial a partir dos processos de globalização econômica e de exclusão social. Todavia, no campo teológico não são numerosas as reflexões, embora as transformações ocorridas na sociedade estejam desafiando as igrejas e os cristãos, especial em relação às formulações teóricas e as práticas inovadoras que se destacaram nas últimas décadas, com o advento da Teologia da Libertação. Como se sabe, a Teologia da Libertação enfatiza a temática do Reino de Deus, em especial a necessidade de enraizamento histórico e social das propostas teológico-pastorais. A Teologia da Libertação e o advento das Comunidades Eclesiais de Base na América Latina, ao lado das inúmeras experiências similares nos campos protestante e ecumênico, nas pastorais especializadas e em atividades socioeclesiais nos meios populares, foram considerados como revolução eclesiológica de relevância e hoje há um denso debate sobre a relevância delas.

As reflexões teológicas e pastorais têm, portanto, procurado responder, entre outras questões, ao sentimento de perplexidade, predominante nesses tempos de crise teológica pelos quais passam as igrejas. De um lado, como visto, está o crescimento das expressões religiosas de caráter intimista e massificante – como os movimentos avivalistas, carismáticos e pentecostais, e de outro o recrudescimento eclesiástico e o cerceamento de propostas pastorais referenciadas na Teologia da Libertação, tanto no campo católico como no protestante. O mundo globalizado, privatizado e pós-industrial não oferece condições favoráveis de continuidade das propostas das igrejas tradicionais. Isto porque a política e a economia neoliberal requerem uma nova religiosidade, em sintonia com os valores de consumo. Os valores modernos referidos estão se perdendo e dando lugar a outros do mundo pós-moderno. A Teologia da Prosperidade, por exemplo, está inserida nesse contexto.

Esse quadro requer novos referenciais teológicos, pois os modelos atuais parecem não mais atender de maneira adequada aos novos desafios pastorais. Dessa forma, a produção teológica latino-americana pode ser aprofundada e adquirir novos estágios cada vez mais relevantes. No diálogo com a teologia de Tillich, a perspectiva latino-americana sobre o método teológico possui um acentuado destaque, uma vez que as duas concepções em questão possuem pontos de encontro e similaridades.

Na reflexão de Tillich sobre o método teológico, entre outros aspectos igualmente relevantes, está indicado que a experiência do teólogo ou do grupo se constitui o meio da reflexão teológica. Ele não pode ser confundido com a fonte, ao deslocar assim a centralidade da Palavra nas respostas teológicas necessárias para a vida humana. Há dois extremos desse procedimento. O primeiro, quando a experiência religiosa ou cultural torna-se tão restrita a ponto de o resultado da reflexão teológica constituir-se em um fundamentalismo com mera repetição de conteúdos em vez de ser uma transformação e atualização do querigma. O segundo é que tal experiência não pode ser tão ampla a ponto de o resultado teológico ser uma nova revelação. Tal dilema é por demais complexo, uma vez que no campo da experiência reside o espírito humano, e a identificação deste com o Espírito divino como se fosse uma só realidade possibilita a idolatria.

Ao seguir tais indicações, torna-se premente para a teologia latino-americana, uma vez mais, o exercício permanente de retomada do círculo teológico que compreende as questões próprias da análise da realidade – com destaque para o aspecto interdisciplinar, como visto – e possui na reflexão bíblica uma especificidade teológica fundamental. A leitura e interpretação da Bíblia, como marcas constitutivas da produção teológica latino-americana, necessitam, cada vez mais, ser aprofundadas, evitando simplificações e repetições mecânicas. Além disso, a norma bíblica não pode ser substituída pela experiência pessoal ou coletiva, mesmo que esta possua a profundidade de ser vivida a partir de uma opção preferencial pelos pobres.

A centralidade da Palavra de Deus, que carateriza o método teológico da libertação, requer, em função de sua articulação com as questões advindas da realidade social, a formulação de uma norma bíblica que reoriente a produção teológica. Essa perspectiva está em sintonia com questões sobre o método indicadas por Tillich que consiste na procura de respostas às questões prementes da situação vivida pela humanidade. Para isso, a teologia recorre à Bíblia, como fonte básica, assim como à história da Igreja, da religião e da cultura. Os conteúdos provenientes dessas fontes são existencialmente recebidos por intermédio da experiência de cada pessoa ou grupo. A partir desse encontro entre a Igreja e a mensagem bíblica são constituídas normas teológicas. Estas não se confundem com a Bíblia, mas são derivadas dela na medida em que a Igreja necessita decidir, consciente ou inconscientemente, ante às demandas surgidas pelo encontro com mensagem cristã.

A norma bíblica do Êxodo, que esteve em profunda sintonia com os movimentos de libertação dos anos de 1960 a 1980, deve estar ao lado, em sentido de alargamento hermenêutico, das referências bíblicas sapienciais (Sabedoria). Isso em função de uma busca de maior sintonia com as questões suscitadas pela situação de degradação humana vivida em meio aos processos socioeconômicos do contexto de exclusão social próprio do neoliberalismo. Voltaremos ao tema.

A articulação das dimensões sociopolítica e existencial no exercício da fé cristã constitui, portanto, um imperativo. Trata-se de um serviço que a teologia precisa prestar à experiência cristã no sentido de contribuir para que a vivência da fé seja, ao mesmo tempo, consistente (ou seja, fiel à realidade do Evangelho) e envolvente (assimilada por parcelas significativas da população). Essa dupla tarefa de crítica e anúncio, que historicamente deu sinais de cansaço e esvaziamento, especialmente pelos encontros e conflitos da fé cristã com as diferentes formas do pensamento humano, reafirma-se como tarefa teológica de fundamental importância, considerados os aspectos da realidade social e religiosa atual. Mais uma vez, novos e diferentes desafios são apresentados à reflexão teológica cristã.

1.3. Crítica aos absolutismos idolátricos da verdade científica

A teologia latino-americana, como já referido, vive no limiar de um novo século, um momento de revisão e aprofundamento. Diante da necessidade de articulação de novos enfoques metodológicos e de conteúdos, tornam-se saudáveis, por exemplo, uma aproximação maior e um diálogo com as teologias produzidas em outros continentes.[5] Tendo em vista o desafio de alargamento metodológico da teologia latino-americana, um caminho frutífero aqui proposto se encontra na aproximação com a teologia de Paul Tillich, em especial pelas possibilidades da interpelação crítica que

83

a teologia pode oferecer às discussões científicas visando questionar absolutismos – idolátricos, por suposto – das verdades de natureza científica.

Para o diálogo com a teologia latino-americana, em especial no tocante às questões no campo da interpretação da realidade, Tillich oferece duas perspectivas teológicas substanciais. Trata-se, como visto detalhadamente, do princípio protestante e da noção de *Kairos*.

O princípio protestante é a expressão teológica da relação entre o Incondicional e o condicionado; ou, em termos religiosos, entre Deus e o ser humano. Ele representa o estado de espírito no qual os seres humanos são alcançados por um poder de algo incondicional que manifesta-se como critério e juízo da existência humana. O princípio protestante é a expressão do movimento do poder incondicional que alcança o ser humano. O poder no qual o princípio protestante manifesta-se é uma qualidade de todos os seres e objetos em sua existência finita moverem-se em direção à infinita, inesgotável e inatingível profundidade de seus significados. Este princípio é o guardião contra as tentativas do finito e do condicionado usurparem o lugar do Incondicional no pensamento e na ação. Nesse sentido, ele torna-se fundamental nos combates às formas idolátricas de ação.

As propostas teológicas formuladas no contexto latino-americano, para serem fiéis à sua consagrada metodologia, assim como também aos seus conteúdos proféticos que requerem análises críticas dos condicionamentos sociais e econômicos, em especial no tocante às raízes da pobreza, não podem menosprezar o debate científico. A complexidade social reforçada pela globalização econômica e pela valorização da diversidade cultural, tanto na América Latina como nos demais continentes, exige um aprofundamento das análises científicas. A perspectiva teológica de Tillich oferece, por exemplo, algumas indicações para o debate latino-americano sobre a articulação entre as mediações socioanalítica e hermenêutica do fazer teológico.

O princípio protestante, como formulado por Tillich, pode apresentar elementos de discernimento tanto das realidades religiosas como das científicas. Ou seja, na articulação – necessária e urgente – entre compreensão da realidade e interpretação bíblico-teológica, a tarefa teológica necessita tentar explicitar os elementos condicionantes das ciências, para que elas não possam vir a ser compreendidas como possibilidade única e "palavra final".

Na medida em que os limites das ciências são explicitados, abrem-se canais mais frutíferos para o debate com a teologia, uma vez que uma de suas tarefas é avaliar, a partir das bases bíblico-teológicas, as tentativas de realidades ou formas de compreensão finitas e condicionadas serem tidas como incondicionais. Essa tendência pode ser expressa tanto nas formas de pensamento e de compreensão da realidade como nas propostas de ação. Nesse sentido, a teologia precisa destacar o seu aspecto crítico e profético.

Por outro lado, na medida em que as possibilidades das ciências são indicadas, abrem-se, igualmente, canais de debate com a teologia. Nesse sentido, encontram-se as teologias da Libertação e a de Paul Tillich. A perspectiva teológica do princípio protestante reforça a visão latino-americana de que Deus age nos processos de libertação sociopolítica, a partir dos diferentes movimentos e instrumentos sociais que visem a justiça social, não reduzindo, assim, a ação divina às esferas religiosa ou eclesiástica. Trata-se, sobretudo, de compreender a ação libertadora de Deus como a qualidade de todas as ações, movimentos e produções humanas em sua existência finita dirigirem-se, na linguagem de Tilich, à infinita, inesgotável e inatingível profundidade de seus significados.

Na relação entre fé e ciência, portanto, em especial as considerações críticas que a teologia pode oferecer ao debate científico, está a articulação dialógica entre análise científica e sensibilidade teológica. Ou seja, elas são elementos de mútua relativização e, assim, tornam-se fundamentais para a crítica a toda e qualquer forma de idolatria.

Em relação a isso, entre outros aspectos, Tillich afirma que a consciência de um *Kairos* é uma questão de visão. Não se trata de uma avaliação científica, calculista, analítica. A atitude requerida é de abertura ao *Kairos*, de sensibilidade e de comprometimento. Essa postura não elimina a observação e a análise. Elas contribuem para uma objetivação e clarificação do *Kairos*; mas elas não o produzem. O espírito profético atua independentemente de argumentação e da boa vontade humana.

Para o contexto teológico latino-americano, portanto, mantém-se a tarefa da utilização das mediações científicas, no entanto, somada ao esforço crítico de fugir das formulações analíticas mais simplistas e calculistas, próprias das visões que superestimam o caráter dogmático da ciência e não realçam os seus limites e a necessidade de relativização de suas verdades.

Para a teologia, a interpretação das análises sociais depende de uma espiritualidade que emerge – ainda que articulada com as análises científicas – do referencial bíblico que fundamenta as possibilidades utópicas dos seres humanos. Nesse sentido, a percepção do estágio da realidade histórica – em seus movimentos sociais, econômicos, políticos, eclesiais e culturais – em relação ao Reino de Deus necessita estar em constante avaliação científica e teológica. No contexto da produção teológica latino-americana, desde os seus primórdios até a atualidade, sempre esteve em questão a tensão entre formas de entusiasmo com as possibilidades de transformação social (iminentes ou quase iminentes) identificadas com as perspectivas socialistas e formas de avaliação (por vezes frustrantes) com o distanciamento desses alvos. No equacionamento, sempre árduo, dessas e de outras questões relacionadas à interpretação da realidade e dos processos sociais em geral, Tillich, em chave cristológica, indica que o espírito que confere, a um determinado momento histórico, um valor espiritual especial, está conectado com o "grande *Kairos*". Por isso, cada momento que reivindica ser espiritual deve ser testado; e o critério é confrontá-lo com o *Kairos* por excelência. O movimento entre o julgamento dos *kairoi* – os quais são raros – e o "grande *Kairos*" – que é único – possibilita a dinâmica da história.

Essa perspectiva abre um canal de diálogo desafiador com a teologia latino-americana, uma vez que as suas mediações científicas, além de, por vezes, não terem sido substancialmente utilizadas, como visto anteriormente, quando o foram, algumas vezes ocuparam a maior parte do espaço de reflexão em detrimento do especificamente religioso. Nesse sentido, no interior da própria Teologia da Libertação, estão as indicações críticas de José Comblin:

> Houve um excesso de confiança na mediação da sociologia e das ciências humanas para fazer a mediação entre Cristo e os desafios da atualidade. A ciência humana não faz o discernimento dos espíritos. Ela não mostra os caminhos do futuro. Desde meados de 1975, há consciência muito clara dos limites e do caráter ideológico das ciências humanas.[6]

Da mesma forma, a perspectiva crítica e criativa do princípio protestante estabelece critérios de análise dos movimentos religiosos. Há, como já referido, nas bases filosóficas desses movimentos uma escatologia intra-histórica que refuta a dimensão utópica e centraliza nas ações humanas do presente as possibilidades da história, desvalorizando o passado, o futuro e as interações destes no presente. Também caracterizam esses movimentos uma refutação das compreensões racionais e científicas da realidade. Para um aprofundamento da teologia latino-americana e das consequências prático-pastorais, tais questões têm-se revelado como fundamentais e desafiadoras.

Essa dupla demanda – interpretação e ação – com os requisitos acima descritos é uma das mais fortes aproximações do pensamento de Tillich com a teologia latino-americana.

2. Teologia e salvação: crítica ao exclusivismo cristão

A temática da salvação mobiliza intensamente os debates teológicos e pastorais, não somente na América Latina – preocupação deste trabalho – mas no mundo todo. Assim como outros aspectos da teologia sistemática, o tema tem sofrido fortes questionamentos de diferentes procedências e intenções. Um dos mais destacados polos de crítica surge dos ambientes que têm privilegiado o diálogo inter-religioso e a discussão teológica em torno das consequências e dos desdobramentos dessas reflexões.[7]

Soma-se a isso, no Brasil e na América Latina em geral, o amplo debate sobre a relação entre evangelização e culturas, já presente no campo da pastoral popular com a realização do encontro de Comunidades Eclesiais de Base (Santa Maria-RS, 1992) sob o tema "Evangelização e Culturas Oprimidas" e que intensificou-se com as discussões em torno do mesmo polo "Evangelho e Culturas" da Conferência Mundial sobre Missão e Evangelização, organizada pelo Conselho Mundial de Igrejas (Salvador-BA, 1996).

Embora Tillich não se tivesse proposto formular uma teologia das religiões, há em sua produção teológica demonstrações relevantes dessa preocupação. A primeira foi a elaboração, em conjunto com Mircea Elíade, de "um tipo de teologia fundamentada na revelação universal de Deus na história das religiões" que, todavia, é "purificada pelo evento do Cristianismo enquanto religião particular".[8] Outra, foi o desejo dele, já no final de sua vida, de interpretar sua *Teologia Sistemática* a partir da história das religiões.[9] Mesmo por ocasião da produção dessa obra, o autor já indicava que, do ponto de vista metodológico, um sistema teológico necessita ser elaborado e refletido sempre em confronto com as questões advindas das críticas do pensamento secular, por um lado, e em diálogo criativo com o pensamento teológico de outras religiões, por outro. Além disso, é necessário considerar a relação entre catolicismo e protestantismo.

É oportuno afirmar mais uma vez que o contexto da produção desse teólogo fazia ressaltar uma preocupação central com a crítica "ateia" da religião, em especial a partir do existencialismo, do freudianismo e do marxismo. No contexto atual, em especial o latino-americano, o pensamento cristão necessita, além de pressupor os referidos questionamentos, debruçar-se nas questões que emergem com a explosão religiosa no mundo inteiro. Trata-se da difícil passagem interpretativa da modernidade para a pós-modernidade.[10]

Paul Tillich ofereceu, com sua teologia da cultura, um testemunho da natureza não totalitária do Cristianismo. Nesse sentido, sua teologia encontra-se em sintonia com a contribuição, no contexto católico-romano, de Karl Rahner e do Concílio Vaticano II para a teologia das religiões. Tillich fez a crítica ao absolutismo eclesiocêntrico da Igreja Católica Romana e à perspectiva exclusivista de Karl Barth, no contexto teológico protestante. Não obstante, questionou o modelo inclusivista, ao indicar a necessidade de se ressaltar o caráter absoluto do Cristianismo como uma religião histórica.[11]

Tillich destacou, ao mesmo tempo, a importância do caráter normativo da cristologia para a teologia das religiões. Dessa forma, não se pode confundir o caráter particular do Cristianismo como uma religião histórica com o caráter particular de Cristo como mediador do absoluto na história.[12]

Para desenvolver essas perspectivas, Tillich reflete sobre o paradoxo do Cristianismo baseado na "Palavra que se fez carne", e em sua situação, igualmente paradoxal, como religião de revelação final, e também recorre à concepção teológica da preocupação última e suprema (*Ultimate Concern*) como o critério de encontro entre religiões. O ponto culminante desses debates é a questão salvífica. Ela é crucial para o diálogo inter-religioso, assim como para uma teologia das religiões.

2.1. A dimensão do diálogo

Tillich, em "O significado da história das religiões para um teólogo sistemático", conferência realizada dias antes de seu falecimento (1965)[13], apresenta cinco pressuposições sistemáticas para a abordagem teológica das religiões. A primeira é que as experiências de revelação são universalmente humanas. As religiões são firmadas sobre algo que é dado para o ser humano onde quer que ele viva. A ele é dada uma revelação, um tipo particular de experiência o qual sempre implica um poder salvífico. Revelação e salvação são inseparáveis, e há poder de revelação e de salvação em todas as religiões.

O segundo aspecto é que a revelação é recebida pelo ser humano nas condições de caráter alienado que possui e na situação humana finita e limitada. A revelação é sempre recebida em uma forma distorcida, especialmente se a religião é usada como "meio para um fim" e não como um fim em si mesma.

Em toda a história humana, não há somente experiências revelatórias particulares, mas há um processo revelatório no qual os limites de adaptação e as deficiências de distorção são sujeitos à crítica, seja mística, profética ou secular. Esse é o terceiro pressuposto.

O quarto é que há um evento central na história das religiões que une os resultados positivos dessa crítica e que nele e sob ele as experiências revelatórias acontecem. Um evento, portanto, que faz possível uma teologia concreta com um significado universal.

O último pressuposto é que a história das religiões, em sua natureza essencial, não existe ao lado da história da cultura. O sagrado não está ao lado do secular, mas ele é a sua profundidade. O sagrado é o chão criativo e ao mesmo tempo um juízo crítico do secular.

Com esses pressupostos, Tillich oferece indicações para uma teologia das religiões, entre as quais três estão relatadas a seguir. A compreensão do autor é que essa teologia reúne uma crítica e uma valorização positiva da revelação universal. Ambas são necessárias. A teologia das religiões, na visão de Tillich, ajuda os teólogos sistemáticos a entenderem o presente momento e a natureza do próprio lugar histórico do fazer teológico, tanto no caráter particular do Cristianismo como na reivindicação de universalidade deste.[14]

2.1.1. O paradoxo da encarnação

O caráter paradoxal do Cristianismo origina-se no paradoxo "a Palavra se fez carne". Compreende-se o significado da expressão "paradoxo" no fato de um evento transcender todas as expectativas e possibilidades humanas. Essa é a perspectiva de Tillich sobre a encarnação. A reflexão sobre a idolatria necessita dessa argumentação teológica.

Tillich indicou que o caráter revelatório "em Jesus como o Cristo" – como centro da história – confere ao Cristianismo um progresso em relação à revelação final. Todavia, essa noção de progresso será relativizada em função da preocupação última já respondida nesse evento revelatório, que rompe o poder demônico na realidade. Nesse sentido, fica excluída a concepção de um progresso horizontal como fim da história e ressaltada a noção de uma interação vertical da Presença Espiritual na história.

A função essencial de Cristo como o Novo Ser é salvar a humanidade de sua alienação e renovar o universo. É em Jesus, confessado como o Cristo, que o Novo Ser, o qual é o princípio da transformação de toda a existência histórica e da renovação da criação, é manifestado. Trata-se de afirmar que "se alguém está em Cristo, é nova criatura; as coisas antigas já passaram; eis que se fizeram novas" (II Coríntios 5. 17).

Ao mesmo tempo, é o Novo Ser em Jesus, como o Cristo, que constitui a norma material da *Teologia Sistemática*.[15] Nesse sentido, Tillich, mais do que situar-se na perspectiva da justificação pela fé (como fez Lutero), orienta sua teologia na perspectiva da nova criação – o que, mais uma vez, abre perspectivas para o diálogo com a teologia latino-americana, uma vez que esta, desde as suas primeiras produções, enfatiza o surgimento do novo, a transformação social e a tematização, no campo pastoral, da visão bíblica do "novo céu e da nova Terra".

Com isso, o teólogo não estimula a eliminação do paradoxo cristológico em benefício de um maior teocentrismo ecumênico; ao contrário, é precisamente na confissão de Jesus ser o Cristo é que há a chance de assegurar para o Cristianismo o diálogo não autoritário. Há uma particularidade (Jesus) conectada a uma universalidade (Cristo) que mantém o Cristianismo como religião singular, na medida em que atesta a revelação final. Tal revelação é inseparável do mistério da morte e da ressurreição; e o significado último dela, firmado na doutrina de Cristo como o Novo Ser, é encontrado na Cruz.

A particularidade singular e relativa do Cristianismo é possibilitada pela Cruz. Ela é a condição da glória. A Cruz tem um valor simbólico universal uma vez que o Cristo ressurreto livra a pessoa de Jesus de um particularismo o qual faria dele propriedade de um povo particular.

A perspectiva teológica do martírio e do sofrimento humano – ênfase constante na teologia latino-americana – constrói bases comuns de encontro das religiões, pois são experiências que abrangem a universalidade da dimensão humana. Ao mesmo tempo, a Cruz e o martírio podem ser elementos de discernimento das propostas religiosas. No caso latino-americano, as experiências relacionadas à Teologia da Prosperidade, por exemplo, tendem, como visto, a omitirem ou camuflarem ideologicamente a perspectiva da Cruz.

O Cristianismo é baseado, portanto, em uma ausência (o túmulo vazio). E é essa consciência do vazio que oferece condições para o relacionamento com o outro. Nesse sentido, o diálogo com outras religiões é uma vocação cristã.[16]

A realidade latino-americana, por suposto, requer um aprofundamento dessas questões, em especial pela diversidade e pela afirmação religiosa, nas últimas décadas do século XX, de diferentes agrupamentos, especialmente os que valorizam as raízes africanas e indígenas.

2.1.2. O paradoxo do Cristianismo como a religião da revelação final

Realização histórica alguma constitui a essência do Cristianismo; este é essencialmente um protesto contra um conceito histórico de essência. Isso quer dizer que a essência do Cristianismo não coincide com qualquer de suas realizações históricas e que ela pode ser encontrada em outras religiões que não o Cristianismo.

As práticas religiosas exclusivistas e o eclesiocentrismo que por vezes configuram o pensamento e as práticas das igrejas são combatidos pela noção de que a Comunidade Espiritual é criada pela Presença Espiritual e não por mera iniciativa humana e se revela na humanidade, tanto em grupos seculares com em diferentes religiões, e não apenas nas formas históricas da igrejas cristãs.

Nesse sentido, para Tillich, há historicamente uma tensão entre a verdade do Cristianismo e a superioridade dele. O paradoxo consiste na declaração de que o Cristianismo como religião da revelação final nega o clamor de incondicionalidade por parte de qualquer religião particular, a começar pelo próprio Cristianismo. Trata-se de uma preocupação última que possibilita a distinção entre a essência da revelação e a forma concreta e histórica dela.

O paradoxo da perfeita revelação consiste no fato de que ela precisa reconciliar em seu interior os elementos de realização concreta e o perturbador protesto que nega tal realização. O que dificulta o diálogo inter-religioso é que cada religião quer possuir a revelação final, a revelação do Absoluto. Todavia, a missão da igreja, ao contrário, não é converter as pessoas para a própria igreja e sim para a natureza incondicional da revelação final. Na

93

superação dessa tensão encontram-se possibilidades de aproximação e de diálogo entre as religiões.

Tillich indica que as experiências revelatórias em todas as religiões são participações fragmentárias na unidade transcendente da vida sem ambiguidades.[17] Isso encontra-se, sobretudo, nos conceitos de Comunidade Espiritual latente e manifesta, os quais relativizam a identificação destes com as igrejas cristãs.[18]

As igrejas representam, ao mesmo tempo, a atualização e a distorção da Comunidade Espiritual. Atualização, porque as igrejas se autocompreendem como efetivação do *Kairos* e possuem a vida baseada na vida transcendente e sem ambiguidade de Cristo. Distorção, porque como igrejas participam na ambiguidade da religião e da vivência humana em geral.

Nesse sentido, em especial pelas considerações feitas na primeira parte deste trabalho, o encontro das temáticas eclesiológica e soteriológica representa para o contexto latino-americano um desafio teológico e pastoral de fundamental importância.

2.1.3. A religião como preocupação última

Tillich indicou que a base religiosa universal é a experiência do Santo dentro do finito. O Santo, como realidade teológica e espiritual fundamental, surge nas coisas finitas e particulares, tanto nas concretas como nas universais. Ele é a base sacramental de todas as religiões. Pode ser visto e ouvido "aqui e agora", não obstante o seu caráter misterioso. A experiência do Santo, como vivência do Ultimate Concern, é a convergência de todas as religiões e permite um critério comum para o diálogo inter-religioso.[19]

Todavia, a base sacramental do que é Santo e último está sujeita, por sua finitude – como referiu-se Tillich – à demonização. Surge a mística, como movimento crítico, como um "para além de", como uma insatisfação com as expressões concretas do

Último, do Santo. Este está além de qualquer corporificação. A concretização da experiência última é aceitável, mas possui caráter e valor secundários. Há uma reserva religiosa ao concreto, que evita o sacramentalismo.

Há um terceiro elemento da experiência religiosa que é o profético. Com ele, a dimensão sacramental é criticada em função das consequências demoníacas, como a negação da justiça em nome da santidade. Trata-se do elemento ético, daquilo "que deve ser", da obrigação religiosa ao concreto, que evita o espiritualismo. No entanto, sem as dimensões sacramental e mística, a experiência religiosa torna-se moralismo e seculariza-se.

A relação positiva e negativa desses elementos possibilita, à história das religiões, o caráter dinâmico; a todas as religiões, um *telos* interior, uma preocupação última. Mesmo com reservas à nomenclatura, Tillich sintetizou essa perspectiva como a "Religião do Espírito Concreto". Esta não pode ser jamais identificada com qualquer religião, nem mesmo o Cristianismo, mas está, fragmentariamente, no centro da direção e da orientação de todas as coisas.

O processo de concretização da experiência religiosa pode gerar, ao fim, um secularismo, uma vez que a crítica tende a atenuar ou mesmo eliminar o caráter sacramental e místico. Todavia, esse processo não se sustenta por si mesmo, uma vez que não possui um sentido maior e último. Por isso, surge uma nova teonomia, ainda que fragmentariamente. É nesse processo que vivem as religiões.[20]

2.2. A dimensão da salvação[21]

A vocação ecumênica, ao marcar as reflexões teológicas e pastorais, indica que o caráter de apologia, de sectarismo ou de exclusivismo são ou devem ser evitados. Deus é sempre maior do que qualquer compreensão ou realidade humana. Age livremente, em especial na ação salvífica. Nesse sentido, não é preciso estar excessivamente preocupado em descobrir quem é ou será salvo (para utilizar o imaginário comum dos cristãos); mas quem é e o que representa Jesus Cristo para a comunidade cristã. Esse patrimônio teológico é comum aos pensamentos de Tillich e da teologia latino-americana.

Essas constatações foram feitas para explicitar melhor um ponto de partida: o pecado humano e a superação dele em Jesus, o Cristo, como poder de salvação. Trata-se, sobretudo, da salvação do ser humano em sua "negatividade última", como nos indicou Paul Tillich.[22] É salvar o humano de sua exclusão da unidade universal do Reino de Deus e assim possibilitar-lhe a Vida Eterna.

Isso refere-se a uma das questões centrais das reflexões cristológicas e/ou soteriológicas atuais: tratar da salvação a partir do pecado humano.[23] A produção teológica latino-americana e a de Paul Tillich, como se sabe, enfatizaram o aspecto do pecado social.[24] Na questão relativa ao pecado, Tillich ressaltou ainda a concepção de pecado como a contradição própria da existência humana e o poder de Jesus Cristo como salvador dos pecados de toda a humanidade.

A suposta pretensão destas afirmações já indica a densidade do debate. Todavia, como já referido, a reflexão que privilegia a centralidade da pessoa de Jesus Cristo em relação à salvação humana não deve inibir o diálogo teológico inter-religioso, mas na medida em que elucida mais adequadamente a Cristo, como símbolo da sujeição e ao mesmo tempo da superação da existência humana, pode então constituir-se como critério paradigmático de uma teologia mais universalista.

Em plano semelhante, na reflexão latino-americana, estão as indicações de Marcelo Azevedo:

> O diálogo supõe que cada um dos parceiros seja ele mesmo e como tal se manifeste e seja acolhido. Seu fruto principal é a percepção da diferença entre ambos e, por conseguinte, a intuição mais aguda das respectivas identidades. Ao conhecer melhor o outro, cada um se conhece melhor a si. O que

poderia parecer um fator que aprofunda a discrepância e alarga a distância torna-se caminho privilegiado de uma nova perspectiva.[25]

Tillich, em um fragmento da segunda parte de sua Sistemática – "O Novo Ser em Jesus, o Cristo, como poder de salvação" (1957)[26] –, apresenta aspectos teológicos referentes à afirmação de Jesus, o Cristo, como critério último de todo processo salvífico. A pressuposição de Jesus Cristo como poder de salvação dos pecados está no caráter da revelação divina. Não se trata de um tipo de informação a respeito da realidade divina ou de mera comunicação extraordinária; mas de um impacto, de uma consonância de sentimentos, existencialidades e espíritos, de um encontro fundamental baseado num despojamento divino. Ou, nas palavras de Tillich, "a manifestação extática do Fundamento do Ser em eventos, pessoas e coisas".[27] Assim, compreende-se a revelação.

Essa manifestação privilegia a humanidade. Deus se sujeita a ela; quer ser humano. Ao assumir a existência humana, Ele recupera as questões da vida e da morte: da vida, porque é criador e misericordioso; da morte, porque é humano. Ser humano é participar da alienação à qual a criação foi submetida.

A reflexão e a tensão entre a vida e a morte produzem, pelo menos, duas interpelações. A primeira é que a fé cristã, como indicou José Comblin, não pertence, fundamentalmente, à ordem do conhecimento e da representação política ou eclesiástica, mas sim, da vida, em seu sentido amplo e radical. Para ele

ser cristão não é revestir-se de um conjunto de conhecimentos ou de estruturas. É viver, libertar-se do que não é vida, para viver plenamente. Jesus se define assim: a vida, o caminho, a porta, o pão, a luz. Ele dá a vida, a saúde, o dinamismo, atira à ação. Não se trata simplesmente da vida biológica, nem tampouco de uma realidade estranha à vida biológica: trata-se desse tônus vital que é parte da responsabilidade de cada um na sua intensidade de vida.[28]

A segunda interpelação teológica é que toda e qualquer teologia que ocultar as estruturas autodestrutivas da existência humana poderá ocultar Deus. Esse foi o caminho altamente perigoso por onde caminharam as teologias liberais, não obstante a substancial contribuição destas para a comunicação da mensagem cristã ao mundo moderno. O mesmo pode ocorrer com setores da Teologia da Libertação latino-americana, uma vez que a concepção do progresso humano, ainda que de corte não-cientificista, corrobora com propostas exacerbadamente centradas no êxito humano, na tentativa de se privilegiar a humanidade de Deus. No entanto, a humanidade de Deus se manifestou fundamentalmente no fracasso humano, ou seja, na morte de cruz; daí a importância de se refletir sobre o evento da cruz e a salvação da humanidade.[29]

As implicações sociopolíticas e religiosas das práticas proféticas de Jesus, tal como testemunharam as comunidades cristãs primitivas, evidenciam com determinada lógica histórica que o final invariavelmente seria a morte. O olhar teológico liberal, seja do século passado ou em seus resquícios atuais, colocaria Jesus entre os grandes profetas, como exemplo de conduta ética a ser seguido. Por outro lado, o olhar teológico fundamentalista observaria que esse era de fato o propósito premeditado de Jesus e afirmaria que não há salvação fora dele. Todavia, tais respostas não atendem substancialmente à indagação de sentido da morte de Jesus como ato salvador dos pecados humanos. No primeiro caso, a salvação nem está em questão, ela poderá vir naturalmente ou engendrada a partir de processos intra-históricos. No segundo, está a contradição evidente do deus cruel, sanguinário e até mesmo sadomasoquista.

A formação do sentido da salvação começa na ausência dele na humanidade. A vida humana depende, como indicou Paul Tillich, de "forças curadoras" que impeçam que as estruturas autodestrutivas da existência mergulhem na humanidade a ponto de provocar uma aniquilação completa.[30] A revelação de Deus encontra ressonância nessa busca humana. Daí a compreensão de salvação como cura, pois, ao encarnar-se, Deus reúne aquilo que está alienado e disperso. Trata-se de superar o abismo entre Deus e o ser humano, entre o ser humano consigo mesmo, com o seu próximo e com a natureza.

A consciência religiosa, como preocupação última, afirma sempre a transcendência incondicional ao lado da concretude que torna possível o encontro humano-divino. Nesse sentido, o processo de salvação só é possível com uma mediação. Jesus Cristo "representa Deus junto aos homens, e os homens junto a Deus", afirma Tillich.[31]

Em Jesus Cristo foi possível o acesso do ser humano a Deus, na medida em que ele reuniu o infinito da transcendência com a finitude humana. Em Jesus Cristo foi experimentada a vontade reconciliadora de Deus por excelência. Esses dois aspectos identificam Cristo como mediador por intermédio de quem Deus age salvificamente em favor da humanidade. Como o Novo Testamento registra: "Tudo provém de Deus, que nos reconciliou consigo mesmo por meio de Cristo e nos deu o ministério da reconciliação, a saber, que Deus estava em Cristo reconciliando consigo o mundo..." (II Coríntios 5. 18-19).

A superação da ambiguidade humana encontra resposta na tensão vivida por Jesus Cristo entre as forças curadoras nele reconhecidas e as estruturas autodestrutivas da existência humana. Por isso o critério da salvação encontra-se em Jesus, o Cristo, uma vez que sua vida não oculta a limitação humana (objetiva) ao revelar a possibilidade da morte a ser assumida (objetivamente) pelos seres humanos e, ao mesmo tempo, possibilita a estes a participação (subjetiva) no poder de Deus ao vivenciar a superação da morte (subjetivamente) com o sentido da salvação.

Essa perspectiva de Tillich o remete à busca de um novo paradigma para a teologia das religiões. Trata-se da superação dos seguintes modelos: o que considera Jesus Cristo e a Igreja como caminho necessário para a salvação; o que considera Jesus Cristo como caminho de salvação para todos, ainda que implicitamente; e aquele no qual Jesus é o caminho para os cristãos, enquanto para os outros o caminho é a sua própria tradição.

O caráter salvífico de Cristo, tal como foi descrito, possibilita formulações e vivências de fé mais espontâneas e ao mesmo tempo profundas e compromissadas social e comunitariamente. Ao mesmo tempo, o caráter dialogal presente em todas as perspectivas teológicas apresentadas impõe-se como conteúdo teológico e como desafio metodológico para a atualidade.

3. O Reino de Deus "para além da história"

As reflexões teológicas em curso advogam a perspectiva de compreender o Reino em sua dimensão "para além da história". Trata-se de uma contraposição à visão, historicamente encontrada nos setores de caráter mais fundamentalista, que desvaloriza as ações humanas no presente e enfatiza o Reino "para fora da história", uma visão a-histórica, portanto. Por outro lado, a compreensão do Reino como realidade teológica que está "para além da história", sem negar a dimensão intra-histórica do Reino – a qual Tillich expressou com o conceito de Presença Espiritual –, contribui para o questionamento de posturas que poderiam tender à idolatria quando identificam o Reino com projetos, propostas ou iniciativas humanas "dentro da história". Nesse sentido, entre outros aspectos, encontram-se as aproximações entre a teologia de Paul Tillich e o contexto teológico e religioso latino-americano.

3.1. O valor da história e o seu caráter relativo

O primeiro destaque reside no valor da história. Tanto para Tillich como para a Teologia da Libertação, a realidade histórica é valorizada e essa concepção gerou uma destacada relevância socioeclesial para ambas.

A forte ênfase ao Reino de Deus e à existência histórica, dada pela Teologia da Libertação, representa uma contribuição substancial das reflexões teológicas latino-americanas. O sentido da existência humana não pode ser separado do sentido da história. Esta, com suas instituições e estruturas sociais, possibilita a resposta à questão última, ou seja, confere o sentido transcendente à existência, que é o Reino de Deus. Desde as elaborações fundantes estas são bases constitutivas da teologia latino-americana.

Tillich, por sua vez, ressaltou, em sua reflexão escatológica, a articulação entre história e Reino, valorizando, ao mesmo tempo, as dimensões intra e trans-histórica do Reino. O Reino de Deus possui um caráter duplo em que estão presentes os aspectos intra-histórico e o trans-histórico. Dessa forma, ele inclui a Presença Espiritual (resposta às ambiguidades do espírito humano) e a Vida Eterna (resposta às ambiguidades da vida universal). A primeira atesta a participação do Reino de Deus na dinâmica da história, e a segunda o legitima como resposta às perguntas implícitas nesta participação.

Todavia, há um segundo destaque dessa reflexão, especialmente se forem considerados os aspectos da realidade religiosa latino-americana. Trata-se do risco de absolutização da realidade presente. Na Teologia da Prosperidade, por seu turno, a história também é valorizada, mas com ênfase nas realizações pessoais (ou familiares), sem requerer ou propor mudanças na estruturação social. Há um excessivo apego às questões e necessidades do presente, sem a devida consideração dos ideais utópicos da fé cristã.

Dessa forma, as Teologias da Libertação e da Prosperidade, dada a ênfase excessiva que estabelecem no presente, necessitam aprofundar as questões entre Reino de Deus e história para que o Reino não seja identificado direta e exclusivamente com projetos históricos, seja qual for a orientação política destes. Alguns setores da teologia latino-americana, em especial os grupos que se dedicam à reflexão sobre as relações entre teologia e economia, têm empreendido esforços para melhor elucidação da temática da idolatria. Jung Mo Sung, por exemplo, no início dos anos de 1990, indicara que:

> A sacralização ou a absolutização de um sistema, seja capitalista ou socialista, significa a gestação de um totalitarismo. A distinção entre o projeto histórico e a utopia transcendental (ou, na linguagem de Dussel, a utopia histórica e a utopia escatológica) é fundamental na luta por uma sociedade mais humana. A utopia transcendental, não factível historicamente, deve acompanhar o projeto histórico, sendo uma fonte de inspiração e o fim a ser aproximado, mas não atingido; e, ao mesmo tempo, fonte de crítica ao projeto e às estratégias históricos.[32]

O que está em debate é o caráter de uma escatologia acentuadamente intra-histórica. Para o contexto latino-americano, tanto para as versões teológicas relacionadas com a Teologia da Libertação como para as propostas religiosas vinculadas à Teologia da Prosperidade, como visto, ressalta-se a demanda de melhor interpretação teológica da história, a fim de evitar distorções ou reducionismos na compreensão do Reino.

Os setores hegemônicos da Teologia da Libertação não estiveram atentos o suficiente para a associação do marxismo com o totalitarismo. Isso possibilitou, em especial no campo prático, tendências idolátricas no tratamento e na avaliação dos projetos políticos históricos, como é o caso do socialismo.

Em contrapartida, nos anos de 1990, tanto no contexto protestante quanto no católico-romano, fortaleceram-se no Brasil as práticas religiosas de consumo e de resultados, de caráter mais intimista, da qual uma das características mais destacadas é a associação entre prosperidade econômica e material pessoal (ou familiar) com a salvação e/ou manifestação do Reino de Deus. Ao mesmo tempo, outra análise refere-se à concepção de tempo. A Teologia da Libertação, por intermédio de alguns de seus setores, assimilou, acrítica e inconscientemente, a visão moderna e linear de tempo. Essa, diferente da noção bíblica do *Kairos*, gera um messianismo político e militante, que pode cair em um voluntarismo moralista e em um pragmatismo, contrários ao conteúdo da mensagem evangélica. A Teologia da Prosperidade, por seu turno, ao acentuar o presente em detrimento do futuro, pode atenuar o ideário utópico-escatológico, próprio da mensagem cristã.

Tillich, ao contrário, ressaltou constantemente o caráter utópico da fé cristã, elucidando a dimensão de esperança contida no Reino de Deus e a valorização das ações humanas na direção dele. No entanto, ele considerou que as formas de interpretação da história não eram suficientes para compreender a abrangência do significado teológico do Reino de Deus. Nesse sentido, estabeleceu, em especial, a noção de *Kairos* como referência de interpretação da história, justamente pela capacidade dessa concepção em agregar elementos que possam vir a relativizar as propostas e iniciativas históricas, sem contudo, desprezá-las.

A Teologia da Libertação, a partir de seus postulados bíblico-teológicos, especialmente as suas perspectivas fundantes – como a necessidade de uma sensibilidade histórica especial pelo potencial evangelizador e transformador encontrado nos pobres, a necessidade também de compreensão científica da realidade principalmente dos aspectos estruturais que produzem a pobreza e a exclusão social e a necessidade de formulações de princípios prático-pastorais norteadores de formas de intervenções críticas e criativas na realidade   social – possui íntima conexão com a noção de Tillich sobre o *Kairos*.

Para Tillich, a convicção da iminência de um *Kairos* na história dependerá sempre da percepção que se possa ter do destino e da realização do próprio tempo. Tal percepção pode ser encontrada no desejo apaixonado das massas; pode ser clarificada e melhor formulada nos pequenos círculos de consciência intelectual ou espiritual; pode adquirir poder na palavra profética; mas não poderá ser demonstrada ou realizada forçosamente. A percepção do *Kairos* é de liberdade e ação, assim como é realidade e graça.

A ideia de *Kairos* une crítica e criação. Ele questiona os absolutismos históricos, previne contra idealismos na prática política, supera os individualismos na vivência religiosa, possibilita uma consciência e motiva a ação para o surgimento do novo na realidade histórica. Nesse sentido, o *Kairos* é a possibilidade para que sejam refutadas as tentativas idolátricas de absolutização de projetos históricos.

O teólogo, ao lado dessas indicações, na medida em que analisou o Reino de Deus ante às formas de interpretação da história, concluiu também que as respostas ao sentido da história podem ser caracterizadas pelas que possuem um caráter negativo em relação à possibilidade de um alvo, seja dentro ou acima da história (e aí encontram-se as trágicas, místicas e mecanicistas) ou um caráter positivo (progressista, utopista e transcendente). A insatisfação com as interpretações não históricas e com as interpretações históricas da história requer reflexões, baseadas no profetismo bíblico, sobre a interpretação do sentido da história a partir do símbolo do Reino de Deus.

Tais indicações teológicas, ao mesmo tempo em que fortalecem as perspectivas pastorais e políticas orientadas pela Teologia da Libertação, especialmente no tocante à união entre crítica e criação, bases da visão teológica latino-americana, contribuem para o questionamento aos imediatismos políticos e religiosos presentes na Teologia da Libertação, assim como na Teologia da Prosperidade, não obstante as diferenças ideológicas entre elas.

O valor da história para a teologia se expressa, especialmente, nas interações entre o passado, o presente e o futuro. Não se pode pensar a tarefa teológica sem a sua responsabilidade com o futuro, mas a visão do futuro dependerá sempre das formas de interpretação da história e como estas se relacionam com o Reino.

3.2. A incerteza do futuro e o valor da utopia do Reino

Há, como visto na primeira parte deste trabalho, uma série de análises em relação a um certo sentimento de perplexidade com os desdobramentos político-pastorais decorrentes do quadro conjuntural das igrejas e movimentos cristãos. Sobretudo nos anos de 1990, uma série de expectativas dos setores identificados com a Teologia da Libertação, especialmente quanto às possibilidades de transformação social e eclesial, não se consolidaram. É fato que há diferentes possibilidades de interpretação dessa situação. No entanto, essas não são objeto de análise do trabalho. O que se quer ressaltar é que se vive hoje um momento de recrudescimento das propostas teológicas e pastorais de cunho libertador e, ao mesmo tempo, um fortalecimento das iniciativas ligadas à Teologia da Prosperidade, como foi anteriormente avaliado.

No campo mais global das ideologias – embora toda avaliação seja passível de questionamentos e de outras conclusões a respeito – torna-se fortalecido o neoliberalismo, uma vez que as propostas religiosas da Teologia da Prosperidade, direta ou indiretamente, o reforçam, e o socialismo, como uma das referências, diretas ou indiretas, da Teologia da Libertação, torna-se ainda mais tênue. A Teologia da Prosperidade reproduz as mesmas estruturas de pensar e de ver a realidade próprias dos grupos capitalistas. A Teologia da Libertação, ainda que seja crítica com o socialismo e não o eleja como referência direta do Reino de Deus, também reproduz, em seus setores mais divulgados, formas totalitárias de pensar e de agir próprias das expressões mais hegemônicas do marxismo.

Nesse sentido, parece ser compreensível um certo sentimento de frustração nos setores da pastoral popular vinculados à Teologia da Libertação. Tillich, em sua avaliação de formas de interpretação da história indicara que as visões progressistas (que baseiam-se na crença em um progresso infinito, cuja ênfase é a intenção progressista de cada ação criativa rumo a um alvo intra-histórico) e o utopismo (que representa uma variação do progressismo, a qual um fim intra-histórico é definido e as ambiguidades da vida são vencidas), por serem perspectivas intra-históricas, são geradoras de falsas expectativas e consequentes frustrações. Os desapontamentos sucedem "toda confiança idolátrica em algo finito".

Daí, a necessidade de se afirmar no contexto teológico e pastoral latino-americano o ritmo nem sempre progressista da história. Isso significa dizer que vive-se na América Latina uma situação de retrocesso quanto aos sinais do Reino na história. Por vezes, essa afirmação tem sido e pode ser compreendida como não-utópica, pouco propositiva, imobilizadora e mesmo antirrevolucionária – para utilizar uma expressão do senso comum das ações políticas. No entanto, ela é vital para se evitarem utopismos ilusórios ou mesmo para despertar a atenção para a transitoriedade e falibilidade das iniciativas e de projetos de transformação social em curso.

Nos momentos de crise social e/ou teológica é comum ser ressaltada uma necessidade de se recorrer a perspectivas filosóficas que aprofundem mais adequadamente o caráter de alienação da existência humana. Não obstante o marxismo tratar da temática relativa à alienação, ele, pelo menos nas versões utilizadas pelos setores mais divulgados da Teologia da Libertação, deixou como herança teórica um otimismo antropológico. Essa visão marcou, como visto, a Teologia da Libertação. Possivelmente, com o alargamento da crise social e eclesial nos anos de 1990, os grupos de reflexão teológica não reuniram as bases filosóficas e teológicas necessárias para melhor enfrentamento das questões suscitadas pela realidade.

Nesse sentido, a contribuição teológica de Tillich para o contexto latino-americano, pelas sínteses criativas e críticas que ele estabeleceu entre as filosofias da existência e o marxismo – não obstante as diferenças de contexto cultural e histórico entre ele e a situação latino-americana atual –, torna-se relevante. Tillich, em função de sua experiência de vida e formação filosófica e teológica, e, na medida em que acompanhou processos de florescimento social, cultural e político (como a *Belle Epoche* européia e as conquistas socialistas, por exemplo) e também de destruição e catástrofes (como as guerras mundiais), formulou sua reflexão sistemática sobre o Reino e a história considerando que, embora sempre presentes no decurso histórico, o Reino de Deus e a Presença Espiritual nem sempre são experimentados como fatores determinantes. Isso confere à história um ritmo singular, repleto de altos e baixos, avanços e retrocessos. Por vezes, experimenta-se a criatividade – humana, filosófica e teológica –, em outras, a prisão conservadora à tradição. A experiência bíblica veterotestamentária, em especial no seu período tardio, demonstrou por parte das pessoas e grupos um sentimento de ausência do Espírito. O mesmo se deu em diversos momentos da história das igrejas. Isso significa afirmar que o Reino de Deus está sempre presente, mas nem sempre o seu poder de comover a história.

Para a teologia latino-americana, portanto, fica indicada a tarefa profética de, ao mesmo tempo, discernir as possibilidades históricas de transformação social, reafirmando a sua herança bíblico-teológica da *força histórica dos pobres* (como Gustavo Gutiérrez e outros afirmaram), e se equipar dos instrumentos teológicos necessários para lidar com a *fraqueza dos pobres*, ou, como Tillich indicou, com a incerteza do futuro. Aqui, mais uma vez, ressalta-se a necessidade de aprofundamento bíblico que amplie a norma teológica do Êxodo e do profetismo com os elementos da Sabedoria.

Essa ampliação do instrumental bíblico-teológico só faz ressaltar as convergências das opções teológicas e pastorais de Tillich e dos grupos relacionados à Teologia da Libertação. Fundamentalmente, pode-se referir à noção de ambas as visões que não consideram as "massas dos pobres" como "objeto" de salvação, mas, acima de tudo, como sujeitos evangelizadores. Trata-se da compreensão das massas como "portadoras da salvação" (Tillich) e da "opção preferencial pelos pobres" (Teologia da Libertação).

Nessa identificação de Cristo com as massas, a similaridade de Tillich com a Teologia da Libertação é ainda mais evidente. Os pontos a seguir são particularmente notáveis. Primeiro, ambos – o Tillich socialista e os teólogos da libertação – começam a partir de baixo, das massas empobrecidas. Segundo, os humildes são o povo de Deus, os herdeiros do seu Reino: "o Reino de Deus é trazido pelas massas que são as geradoras do destino". Terceiro, Cristo o Salvador identificou-se com as massas, de forma que os salvos e o salvador tornam-se um. Quarto, o objetivo básico da Teologia da Libertação, bem como do socialismo religioso, é a total realização entre as massas da "ideia" de salvação, que lá já está pela graça de Deus.[33]

Firmados os aspectos básicos dessa compreensão teológica – a opção pelos pobres, por exemplo –, abre-se um amplo e complexo campo de avaliação quanto aos caminhos e procedimentos decorrentes da fé cristã. Para a teologia latino-americana sempre esteve presente o desafio de, ao mesmo tempo, afirmar os compromissos políticos inerentes aos seus postulados bíblico-teológicos básicos e relativizar as formas de ação para que não se tornem idolátricas. Tillich, de forma similar, tratou da questão relativa à crítica às absolutizações históricas, em especial com o tema da providência, sem desvalorizar as formas de compromisso e de engajamento social e político decorrentes da fé cristã.

Para Tillich, a providência histórica abre perspectivas de futuro, ainda que imponderáveis, para a história. A providência histórica não permite que tais perspectivas de futuro tenham, ao menos, três aspectos: uma visão determinista (em função da liberdade humana em aceitar ou rejeitar o amor divino), um otimismo progressista e utópico (em função da contingência humana e da manifestação demoníaca na história) e uma plenitude humanamente realizável (em função do domínio universal e misterioso da ação divina).

Nesse sentido, para um desenvolvimento da reflexão teológica latino-americana, entre os muitos desafios, está o aprofundamento ou retomada da temática da utopia. A reflexão teológica sobre a utopia contribuiria para um alargamento de horizontes, especialmente entre a juventude, uma vez que amplos setores da população estão constituindo um universo de valores e de práticas, religiosas e sociais, marcadas pelo individualismo, pelo consumismo e pelo apego excessivo aos aspectos da realidade presente, o que pode gerar formas de insensibilidade social e de sectarismo.

A utopia do Reino supera as visões religiosas ou político-sociais *deterministas*, marcadas por posturas fundamentalistas e autoritárias, de qualquer procedência ideológica; *progressistas*, que não consideram as fragilidades dos projetos humanos, oriundas igualmente de qualquer tendência teológica ou política; e o *utopismo*, que atribui um valor exacerbado aos esforços e realizações históricas humanas em detrimento da ação misteriosa de Deus. As propostas pastorais e políticas, relativas tanto à Teologia da Libertação como à Teologia da Prosperidade, estão implicadas nessa argumentação e carecem, portanto, de interpelações teológicas. Quanto a isso, Jung Mo Sung chama a atenção, ao afirmar que

> Ser testemunhas da transcendência de Deus não é uma tarefa fácil. A própria estrutura da experiência religiosa está marcada pela possibilidade de idolatria. Como só podemos, por causa

da nossa condição, experimentar o sagrado através de algo humano, seja um objeto ou uma lei moral, sempre corremos o risco de confundirmos este "suporte" humano com o próprio mistério transcendente. É isso que ocorre muitas vezes quando esquecemos que os sacramentos, ritos religiosos e Igreja nunca são manifestações puras e plenas de Deus, quando esquecemos que a Igreja ou nosso projeto social em favor dos pobres não são Reino de Deus, e que, portanto, não podem ser absolutizados, mas sempre criticados e "reformados". Idolatria não é algo que só ocorre no mercado, mas é uma tentação em todos os grupos humanos.[34]

No caso específico da Teologia da Libertação, pela presença de ênfases marcadas pelo determinismo, progressismo e utopismo em alguns de seus setores, por um lado; e pela substancial contribuição que deu ao pensamento social e teológico, não somente da América Latina mas mundialmente, por outro; a reflexão sobre o Reino de Deus como realidade teológica que está "para além da história" constitui-se, pelos motivos apresentados, em referência sistemática de fundamental importância para a sua continuidade e aprofundamento teórico.

4. A prática política como base da fé cristã

Um ponto específico a ser refletido refere-se à prática política como referência fundamental dos cristãos. O combate à idolatria, forte na perspectiva de Tillich e na teologia latino-americana, não pode se constituir em inércia, imobilismo ou formas de isenção e absenteísmo político. As teologias de Tillich e da Libertação fundamentam-se na proposição de envolvimentos políticos concretos. Para o exercício de combate a posturas idolátricas ou aos riscos de elas surgirem ou se fortalecerem serão apresentados na sequência três polos de críticas: aos idealismos e às práticas impositivas deles decorrentes, às formas político-pastorais que não articulam as dimensões de concretude e transcendência, e à exclusão social.

A reflexão teológica que tende a relativizar os projetos e iniciativas históricas não pode tornar-se uma teoria que iniba ou não proponha ações políticas concretas. Ao contrário, Tillich teve a sua produção filosófica e teológica pontuada pelos envolvimentos políticos que marcaram a trajetória dele. A renovação teológica latino-americana, por sua vez, caracterizou-se fortemente por possuir uma mediação prática com ênfase no aspecto da inserção política dos cristãos. O movimento pastoral orientado pela Teologia da Libertação formulou uma crítica *ad extra* ao questionar o funcionamento e a estruturação da sociedade. Essa perspectiva, tanto em termos prático-pastorais como em termos teológicos, trouxe o tema da Libertação para dentro do conjunto da sociedade. O movimento eclesial e teológico latino-americano formulou também uma crítica *ad intra*, ao estabelecer políticas pastorais distintas em relação aos modelos eclesiásticos oficiais. Trata-se de uma "nova forma de ser igreja" que, ao longo das últimas três décadas do século XX como até os dias de hoje, oportuniza experiências comunitárias inéditas de fé, com desdobramentos pastorais, por vezes intensamente conflitivos.[35]

Os conflitos pastorais decorrentes da prática política proposta pela teologia latino-americana baseiam-se, entre outros aspectos, na polaridade ideológica presente na sociedade entre capitalismo e socialismo. Nesse sentido, as aproximações entre a teologia latino-americana e a de Tillich são intensas e pertinentes, pois ambas as produções colocam em questão o capitalismo e estão relacionadas direta ou indiretamente ao socialismo.[36]

Quanto à relação entre fé cristã e as práticas políticas concretas relacionadas ao socialismo, como é o caso histórico da Teologia da Libertação[37], da mesma forma, há da parte de Tillich uma substancial contribuição. Isso se dá pela crítica do teólogo às formas dogmáticas de socialismo formulada simultaneamente aos compromissos políticos concretos firmados pelo autor por uma sociedade justa e igualitária sob inspiração socialista. Nesse sentido, para se pensar possíveis indicações prático-pastorais, especialmente no campo político, serão priorizados nesse momento os aspectos relacionados ao socialismo. Trata-se das necessidades – que são pressupostas na reflexão teológica latino-americana – de crítica ao sistema capitalista cuja versão atual se expressa no neoliberalismo econômico, em função de seu caráter excludente, e ao mesmo tempo, de busca efetiva de uma sociedade igualitária, participativa e firmada nos princípios da justiça social.

4.1. Crítica aos idealismos e às práticas impositivas deles decorrentes

Considerando o contexto latino-americano e as perspectivas teológicas destacadas neste trabalho, uma das abordagens a ser vista trata da concepção de ser humano e as implicações que a perspectiva socialista requer. Os aspectos apresentados abaixo, uma vez levados em consideração, são indicações concretas de um agir libertador. Para Tillich, as propostas prático-pastorais, para serem relevantes bíblica e teologicamente, necessitam romper com a visão burguesa do ser humano. A manutenção dessa visão burguesa pode fazer com que o socialismo viva, pelo menos, quatro conflitos internos: a) a supremacia da transformação social ante à pessoal; b) a desvalorização dos carismas pessoais; c) uma ausência de símbolos; d) refutação de valores e sentimentos humanos como nostalgia, segurança pessoal, familiar e comunitária.[38]

Portanto, o aprofundamento da reflexão antropológica nas atividades teológicas e pastorais é tarefa necessária e de fundamental importância. Sem ela, corre-se o risco da presença de perspectivas reducionistas, racionalistas e, nesse sentido, desconectadas da globalidade que a experiência humana representa. As propostas orientadas por essa visão, geralmente, tornam-se discursos e iniciativas políticas e pastorais "para o povo" e não "do povo", ainda que marcadas por expressões ou ideias vinculadas às necessidades populares.

Ao lado desse aspecto está uma série de outras práticas político-pastorais que, em função de equívocos na compreensão das dimensões pedagógicas, comunicacionais e organizacionais, tornam-se marcadas por simplificações e cristalizações absolutistas, portanto, idolátricas. Visando uma prática política que fuja dessas características, Tillich oferece, como referência teórica para a prática política, o conceito por ele elaborado do *princípio socialista*.

O princípio socialista é um conceito dinâmico, de acordo com o próprio caráter da história, na medida em que ele contém as possibilidades de tornar compreensíveis novas e inesperadas realizações de determinadas origens históricas. O princípio socialista contém a possibilidade, a dinâmica e o poder do socialismo como realidade histórica. Ele sempre situa-se em uma perspectiva de crítica e de julgamento a essas realizações.

Ele é, nas palavras do autor, a situação proletária interpretada pela sua própria dinâmica, e por isso é obtido somente por uma decisão socialista e torna-se o ponto de vista por excelência para a interpretação e julgamento da realidade socialista.[39] O princípio socialista gera uma *expectativa* em relação à realização de todo e qualquer empreendimento socio-político. Quais seriam as implicações práticas dessa perspectiva?

As análises sobre a realidade teológico-pastoral latino-americana, especialmente os aspectos principais de certo messianismo identificados em setores da Teologia da Libertação nos anos de 1980, revelaram a necessidade de uma reflexão mais aprofundada sobre a tensão entre realização e expectativa. No tocante à prática política, o conceito de expectativa formulado por Tillich representa singular contribuição para o contexto latino-americano. A partir dele é possível intuir diferentes atitudes concretas que possam refutar formas de idealismos (os pobres como sujeitos de uma iminente transformação da sociedade nos moldes teoricamente idealizados, por exemplo), de imobilismos (atitudes que não consideram as possibilidades históricas ou o surgimento de novos sujeitos sociais e alternativas políticas), de utopismos (como, por exemplo, a desconsideração dos processos históricos e do desenvolvimento paulatino de mudanças sociais) e de dogmatismos (a não aceitação de formas revisionistas e críticas das propostas políticas que visem manter ou implementar o socialismo, ou mesmo a não consideração do fato de que os pobres reproduzem também aspectos da ideologia dominante). Os quatro pontos seguintes, contidos no conceito de expectativa que Tillich formulou em sua filosofia social, iluminam essas indicações:

O socialismo posiciona-se decisivamente por uma atitude de expectativa. Ele conhece as frustrações da história e não espera que a existência humana e a realidade histórica sejam transformadas miraculosamente.

Expectativa é a tensão com a meta que está adiante, é algo que se dirige ao novo, ao inesperado. Não se trata de atitude subjetivista, mas de algo firmado no movimento dos próprios eventos históricos. A expectativa inclui ação, pois algo de incondicional está sendo demandado.

O que é esperado não está em contradição absoluta com a realidade presente, mas é o significado pleno de sua origem que há de ser cumprida no futuro. O que é demandado não são normas abstratas de justiça sem relação com a origem, mas o cumprimento da própria origem. Assim, passado (origem), presente (realidade) e futuro (expectativa) mantêm-se intimamente correlacionados. A expectativa, portanto, está no presente, mas com as tarefas de unir passado e futuro, de olhar para dentro do próprio socialismo e de sua realização a partir de uma nova ordem social e compreender, dessa forma, que o socialismo não é o fim da luta socialista.

Esta seria a contribuição do que Tillich chamou de "socialismo religioso", em especial pelo conceito de *Kairos,* que procura explicitar os limites assim como a validade e o significado da expectativa concreta. O socialismo requer uma atitude a mais realista possível, mas totalmente envolvida em uma expectativa ("realismo crente") (*believing realism*). A expectativa é sempre relacionada ao concreto, mas ao mesmo tempo transcende cada instância do concreto.[40]

4.2. Crítica às formas que não articulam concretude e transcendência

A visão de Tillich pressupõe uma cristologia que articule as dimensões de concretude e de transcendência. A base cristológica da prática política como referência fundamental dos cristãos encontra-se em três aspectos da prática de Jesus: ser *processual* (histórica e desenvolvida a partir de ações e de reações concretas), *situada* (encarnada na realidade econômica, política e religiosa) e *conflitiva* (não desejada, mas inevitável, em função da contradição entre o Reino de Deus e a realidade social da época).[41]

Há, como se sabe, uma constante tensão no Evangelho entre os códigos da *Aliança* e da *Pureza*. O primeiro retoma o Êxodo, a experiência do deserto e a corrente profética, e o segundo refere-se ao Templo, à perspectiva do sacerdócio real e à oposição à reforma deuteronômica. A prática jesuânica é a personificação do código da Aliança. O conhecimento e a sabedoria de Jesus vêm do deserto e não da sinagoga.

Jesus confrontou as autoridades religiosas pela centralização do poder, pela cristalização das doutrinas, pela dogmatização e absolutização das ideias teológicas (a Lei) e pela supremacia da dimensão institucional em detrimento da vida humana. Tanto a teologia de Tillich como a da Libertação realçam o aspecto profético presente nessa perspectiva cristológica.[42]

A dimensão profética reafirma o caráter concreto da fé cristã e dos respectivos compromissos com a história e com a vida humana. A transcendência se dá a partir dessa perspectiva e contribui para redimensioná-la permanentemente, para evitar, assim, simplificações e reducionismos da fé. Há, portanto, a necessidade de articulação entre concretude e transcendência Essa relação traduz, em termos teológicos, para o contexto teológico latino-americano, a relação também necessária e urgente entre libertação e liberdade.

A Teologia da Libertação necessita aprofundar a relação entre as temáticas da libertação e da liberdade, para não se tornar refém dos reducionismos e da efemeridade dos fenômenos sociais.[43] A reflexão sobre a liberdade pressupõe as bases bíblicas e as experiências na história da Igreja, em especial a Reforma, e o diálogo com a modernidade, com destaque para a ideia de diversidade.

A efetivação desses aspectos se dá de forma coletiva, como a tradição teológico-pastoral latino-americana tem consagrado, ou seja, vida comunitária e prática política são dimensões necessariamente associadas.[44] Tillich, desde os seus escritos sobre filosofia social e política que deram base para as noções do socialismo religioso, afirma, de forma semelhante, o valor da comunidade nas ações políticas.

Ao analisar as aproximações entre a visão política de Tillich e a Teologia da Libertação, Jean Richard apresenta a concepção do teólogo, ao indicar que "a dimensão religiosa do marxismo – expressa em uma linguagem não religiosa – consiste precisamente de dois elementos de qualquer pensamento religioso: a responsabilidade de ação (ou *praxis*) e a fé e a crença de que pelo que se está lutando necessariamente virá"[45] e conclui que "a compreensão religiosa do socialismo gera finalmente uma comunidade espiritual que se assemelha ao movimento de comunidades de base".[46] Nesse sentido, há uma avaliação positiva da articulação entre concretude e transcendência no contexto latino-americano, não obstante a necessidade de atenção constante a esses aspectos.

4.3. Crítica à exclusão social

Os conceitos formulados por Paul Tillich contribuem, sobretudo, para a "crítica teológica da economia política", elaborada no contexto latino-americano. As reflexões entre teologia e economia desenvolveram-se, com ênfase, em especial no final dos anos de 1980.[47] Elas procuraram responder a determinada "anomalia" na Teologia da Libertação que, em seu desenvolvimento, não aprofundou a própria previsão da centralidade da questão econômica nas reflexões teológicas.[48] Por outro lado, tais reflexões contribuem substancialmente para o debate de questões suscitadas pelas críticas às propostas religiosas identificadas com um tipo de "teologia da prosperidade", em função das associações quase que diretas entre aspectos econômicos da vida pessoal ou familiar com a bênção de Deus.[49]

A realidade de exclusão social requer uma crítica teológica consistente. As profundas mudanças no sistema capitalista estabeleceram, como se sabe, a mais recente e sofisticada etapa do sistema econômico: o neoliberalismo. Seguindo a própria lógica do sistema, foram geradas, nos últimos anos, massas consideráveis da população excluídas do mercado de trabalho e das possibilidades de aquisição de bens materiais, até mesmo os de natureza básica para a sobrevivência. Em função desse novo aspecto da realidade, os círculos teológicos e pastorais tiveram que se debruçar sobre a temática dos "excluídos do sistema".[50] Com isso, novos desafios de compreensão da realidade surgiram, uma vez que os referidos círculos, no contexto latino-americano, em regra geral, utilizavam como referência o binômio dominador/dominados para compreender a realidade, o que, não dá conta da complexidade dos processos atuais de exclusão social.

A crítica teológica da economia política representa, portanto, um salto de qualidade nas reformulações necessárias da Teologia da Libertação, especialmente em função das transformações sociopolíticas e econômicas, como a revolução tecnológica, e a nova ordem econômica mundial, além da crise de paradigmas da modernidade.

"Salto de qualidade" e "limitação teórica" por vezes convivem. Isso porque, como visto, nem todos os setores da Teologia da Libertação percebem os aspectos que apontam para uma alteração do processo de produção teológica e de novas orientações pastorais. Em primeiro lugar, as práticas dos pobres (cristãos ou não cristãos) não têm-se constituído em um processo efetivo de libertação. Na atualidade, na América Latina existem manifestações de práticas libertadoras, todavia sem representar um projeto articulado. Predominam nos setores populares o desânimo, a desmobilização, a frustração e a apatia diante dos processos políticos. Embora haja práticas de resistência – inegáveis –, o que prevalece são as de reajuste, e nestas se encontra a maioria do povo pobre. Portanto, as perguntas feitas, como passo metodológico inicial, não são orientadas ou formuladas num contexto de práticas libertadoras, mas de reajuste, de sobrevivência. A nova expressão "excluídos", comum nos ambientes pastorais nos últimos anos, não pode simplesmente ser mera substituição de "oprimidos" e tornar-se um novo jargão de militantes cristãos. Há que se aprofundarem os processos de análise da realidade e superar, dessa forma, as referidas anomalias que marcaram o desenvolvimento da Teologia da Libertação.

Para isso, sobretudo sob inspiração dos pressupostos teológicos de Tillich já vistos, impõe-se uma reflexão teológica sobre a economia. Esta se dá num contexto de confronto entre dimensões que reivindicam sacralidade. O discurso e a prática do neoliberalismo remontam a exigências de sacrifícios humanos, a perspectivas absolutistas e globalizantes e a promessas de retribuição dos investimentos e de prosperidade, o que possibilitou aos estudiosos a criação da expressão deus-mercado. Não há necessidade de legitimação religiosa para esse sistema, pois ele, em si, é religioso.

Do ponto de vista político-pastoral, urge, portanto, reforçar as ações de solidariedade e de afirmação da dignidade humana, uma vez que a lógica sistêmica considera tais ações como empecilho ao funcionamento autorregulador do mercado. Ou seja, as ações humanas de solidariedade e de luta pela dignidade dificultariam a "mão invisível" do sistema.

Últimas considerações

A concepção que enfatiza o Reino de Deus como realidade teológica que possui uma dimensão intra-histórica e, ao mesmo tempo, está "para além da história", constitui-se, como visto, em um instrumental fundamental para o combate à idolatria. O *horizonte de referência* das reflexões feitas foram as formas de escatologia acentuadamente intra-históricas, por vezes presentes em setores da Teologia da Libertação, em especial nos anos de 1980, e também na Teologia da Prosperidade, que marca o contexto sociorreligioso dos anos de 1990, tanto no campo protestante como no católico-romano.

Para refletir sobre essas questões, especialmente como elas se conformam nas relações entre Reino de Deus e história, foram apresentadas as *perspectivas teológicas* de Paul Tillich. Consideraram-se a experiência de vida e a produção teórica do autor, a sua metodologia teológica, a sua filosofia social e política, especialmente as sínteses criativas que formulou entre o existencialismo e marxismo, e os pressupostos teológicos de sua filosofia da religião como a impossibilidade de auto-salvação do ser humano, o enfrentamento necessário das situações-limite em que ele vive e o oferecimento da graça de Deus como forma de combate às formas idolátricas do pensar e do agir humanos na história.

O objetivo foi apresentar perspectivas teológicas que pudessem contribuir na reflexão sobre algumas questões que têm marcado mais destacadamente o contexto teológico e sociorreligioso latino-americano. Entre essas questões foram ressaltadas as tendências, iniciativas, atitudes e projetos humanos que podem idolatricamente ser expressa ou diretamente identificados com o Reino de Deus ou com dimensões teológicas similares, como o dado salvífico, por exemplo. A preocupação maior são as consequências político-pastorais das associações, diretas ou indiretas, de setores da Teologia da Libertação com o socialismo e da Teologia da Prosperidade com o neoliberalismo.

Foram apresentados quatro aspectos, de natureza mais teórica, que representam uma forma de contribuição para o aprofundamento da teologia latino-americana. O primeiro esteve relacionado a questões de método, que sempre foram importantes tanto para Tillich como para os teólogos da libertação. Foram discutidos pontos relativos ao valor da interdisciplinaridade para a compreensão da realidade, especialmente a necessidade de uma conjugação de instrumentais científicos de análise, que possam ampliar as possibilidades, como Tillich fez ao criar sínteses entre as filosofias da existência e as formas não dogmáticas de marxismo.

Outro ponto versou sobre a especificidade da produção teológica. A centralidade da Palavra de Deus requer, em função de sua articulação com as questões advindas da realidade social, a formulação de uma norma bíblica que possa fortalecer a produção teológica latino-americana. A referência bíblica do Êxodo, que mantém a sua sintonia com os movimentos de libertação social e política próprios dos anos de 1960 a 1980, deve, como visto, estar ao lado, em sentido de alargamento hermenêutico, das referências bíblicas em torno dos escritos sapienciais (Sabedoria). Trata-se de um esforço teológico-pastoral de maior integração e resposta às questões suscitadas pela realidade de degradação humana vivida em meio aos processos socioeconômicos do contexto de exclusão social. A temática da sabedoria redimensiona aspectos que a ênfase da responsabilidade social e política da fé cristã poderia, em tese, tornar alvo de pragmatismos e instrumentalizações sociopolíticas indevidas. Além disso, o caráter bíblico-teológico sapiencial realça as dimensões profundas da existência humana, tal como indicou a produção teológica de Paul Tillich. Ainda sobre questões no campo das interpretações, foi tratado o valor da contribuição da teologia para a crítica a formas de absolutismo na formulação das verdades científicas.

O segundo aspecto dessa reflexão foi sobre o tema do exclusivismo cristão. Tillich reconhecia que ele representa uma tendência fortemente geradora de formas idolátricas de pensar e de agir. Para isso, estava indicada desde a sua produção teológica a importância do diálogo entre as religiões e da reflexão sobre o lugar da dimensão salvífica no debate teológico.

A ênfase no Reino de Deus como realidade teológica que está "para além da história" foi o quarto aspecto abordado. Essa visão contribui com a crítica e com uma relativização de posturas e práticas que não valorizam a história ou que superdimensionam o aspecto intra-histórico em detrimento do trans-histórico. Nesse sentido, foram destacados como indicativos para a teologia latino-americana a afirmação constante do valor da história para a teologia, o caráter de incerteza que é próprio do futuro, ao contrário das visões deterministas e imediatistas que algumas teologias acentuaram, e o valor da utopia do Reino como elemento teológico de fundamental importância para o discernimento das ações humanas na história e para o combate à idolatria.

As reflexões apresentadas requerem uma elucidação, a mais transparente possível, do Reino de Deus como a referência utópico-escatológica para todos os projetos. Isso ganha destaque, especialmente em função de confusões e de simplificações no contexto da pastoral entre Reino de Deus e projetos históricos, tanto na pastoral popular baseada em algumas formulações da Teologia da Libertação, como em certos ambientes carismáticos e pentecostais com a Teologia da Prosperidade, que direta ou indiretamente associam a bênção de Deus com os valores e

121

práticas do neoliberalismo. Esse último quadro requer uma avaliação à parte.

Referimo-nos, com essa reflexão à prática política como referência fundamental dos cristãos, em especial as propostas que visem a justiça social, a igualdade, a liberdade e a solidariedade humana. A partir dos pressupostos da produção teológica de Tillich e da teologia latino-americana, foi ressaltado que o combate à idolatria não pode se constituir em inércia pastoral, imobilismo das igrejas ou de grupos dentro delas, ou atitudes de isenção e de absenteísmo político. O Reino de Deus, em sua intra-historicidade, requer envolvimentos políticos concretos. Nesse sentido, a partir de conceitos de Tillich como o *princípio socialista* e o de *expectativa*, ao lado da vocação ao agir própria da Teologia Latino-americana da Libertação, o combate à posturas idolátricas ou aos riscos delas surgirem ou se fortalecerem necessita de, pelo menos, três posturas críticas: aos idealismos e às práticas impositivas, às formas político-pastorais que não articulam as dimensões de concretude e transcendência, e à exclusão social.

Essas indicações teológicas, que surgem a partir da aproximação das perspectivas teológicas de Tillich com o contexto teológico e sociorreligioso latino-americano, estão ao lado de outras, de natureza mais prática. Elas formam um conjunto de desafios teológico-pastorais perante as formas de idolatria, que podem e devem ser analisados pelos diferentes grupos de ação e de reflexão teológica com vistas a um aprofundamento.

Notas do Capítulo 2

[1] Esse capítulo reúne e sintetiza três textos que produzi procurando esboçar uma crítica à Teologia da Libertação, efetuada "de dentro" e em compromisso com seus princípios práticos e teóricos fundamentais, sobretudo a preferência que o Evangelho nos exige que se dê às pessoas pobres. Procurava com tais avaliações críticas identificar absolutizações e reducionismos metodológicos em nosso contexto teológico e indicava, ainda que modestamente, possibilidades de alargamento teológico a partir do diálogo com o pensamento de Tillich. São os artigos: "Paul Tillich e a Teologia Latino-americana". *Revista Eclesiástica Brasileira (REB)*, 54(216), dez 1994; "Perspectivas Teológicas para o Combate à Idolatria". *Revista Eclesiástica Brasileira,* 65(258), abril de 2005, pp. 259-292; "A Prática Política como Base da Fé Cristã". *Revista Eclesiástica Brasileira,* 67(266), abril de 2007.

[2] Paul Tillich é um dos mais destacados teólogos do século XX. No entanto, para os/as leitores/as que desejam ou necessitam conhecer melhor a biografia do autor em questão há, em português, um excelente trabalho de Carlos Eduardo Calvani: "Paul Tillich: aspectos biográficos, referenciais teóricos e desafios teológicos" (pp. 11-35). In: VV.AA. *Paul Tillich: 30 anos depois. Estudos de Religião* (10), jul 1995, e uma síntese razoável produzida por Batista Mondin: "Paul Tillich e a Teologia da Correlação". In: *Os Grandes Teólogos do Século XX - Vol.2: Os teólogos protestantes e ortodoxos* (pp. 65-88). São Paulo-SP, Paulinas, 1980. Nessa mesma direção, veja: a obra organizada por Enio Mueller e Robert W. Beims *Fronteiras e Interfaces: o pensamento de Paul Tillich em perspectiva interdisciplinar.* São Leopoldo-RS, Sinodal/EST, 2005. Também apresentei alguns traços biográficos do autor em "Teologia no Plural: fragmentos biográficos de Paul Tillich". *Correlatio* (3), abr 2003. www.metodista.br/cientificas/correlatio Veja também: Wilherm Pauck & Marion Pauck. *Paul Tillich: his life & Thought. Vol I.* London, Collins, 1977; Hannah Tillich. *From Time to Time.* New York, Stein & Day, 1973; William Nicholls. "Paul Tillich: theology on the boundary". In: *Systematic and Phillofical Theology.* Middlesex-England, Penguin Books, 1969; James Luther Adams & Thomas J. Mikelson (eds.). *The Thought of Paul Tillich.* San Francisco, Harper & How Publishers, 1985.

[3] Duas obras podem oferecer uma visão panorâmica e ao mesmo tempo profunda dessa temática. A primeira é *Teologia da Libertação e Marxismo.* São Leopoldo-RS, Sinodal, 1996, de Ênio R. Mueller. O autor, na primeira parte do trabalho, analisa a relação com o marxismo nas obras de Gustavo Gutiérrez, José Miguez-Bonino, Juan Luis Segundo, José Comblin, Samuel da Silva Gotay, Leonardo Boff, Clodovis Boff, Ignacio Ellacuria e João Batista Libânio. Na segunda parte da obra, analisa a relação com o marxismo no processo hermenêutico da Teologia da Libertação. A segunda obra é *Marxismo e Teologia da Libertação.* São Paulo-SP, Ed. Cortez, 1991, de Michael Löwy. Ainda desse mesmo autor, podem ser

acrescidos dois artigos que merecem apreciação, pela natureza de síntese que eles possuem: "O catolicismo latino-americano radicalizado". *Comunicações do ISER,* 7(30), 1988, pp. 21-30; e "A crítica ao fetichismo capitalista: de Marx à Teologia da Libertação". *Caderno do CEAS* (186), mar./abr. 2000, pp. 71-81; e o livro *A Guerra dos Deuses: religião e política na América Latina.* Petrópolis-RJ, Vozes/Clacso/ LPP, 2000.

[4] Jean Richard, no artigo "The Socialist Tillich and Liberation Theology" (pp. 148-173). In: Raymond F. Bulman & Frederick J. Parrela (eds.). *Paul Tillich: a new catholic assessment.* (Op. Cit.), analisa a relação que Tillich estabeleceu entre Cristianismo e socialismo e constrói um paralelo com a Teologia da Libertação latino-americana. Entre outros aspectos, o articulista conclui: a) Tillich, com a sua "elaboração filosófica e religiosa do socialismo" (título inclusive de uma conferência, em 1924), distancia-se do marxismo dogmático e propõe uma visão mais ampla, autocrítica e profética do socialismo, identificando as aproximações com o Cristianismo. b) A Sagrada Congregação para a Doutrina da Fé, do Vaticano, estava correta ao afirmar nos anos de 1980, que a identificação da Teologia da Libertação com o marxismo ia além de instrumento de análise social e tornava-se uma "nova hermenêutica, uma interpretação socialista ou marxista da mensagem cristã". c) Ao contrário do pensamento de Tillich, essa interpretação foi considerada pelo Vaticano como "perversão do Evangelho", embora haja por parte da "teologia de Roma", uma compreensão limitada do marxismo que o reduz às suas formas dogmáticas. d) Nesse sentido, de fato, "não há conciliação possível entre marxismo dogmático e Cristianismo dogmático".

[5] Veja Erhard Gerstenberg. "Teologias da libertação em transformação: o testemunho de Antigo Testamento e o caminho dos cristãos latino-americanos depois da 'virada'". *Estudos Teológicos,* 35(1), 1995, pp. 67-83.

[6] "A Teologia do Espírito Santo hoje". *Teocomunicação,* 25(108), jun. 1995, p. 283. Veja também as teses de Jung Mo Sung já indicadas na primeira parte deste trabalho.

[7] Para uma visão de conjunto veja a obra de Faustino Luiz do Couto Teixeira: *Teologia das Religiões: uma visão panorâmica* (São Paulo-SP, Paulinas. 1995) e outra, já citada, organizada pelo mesmo autor: *Diálogo de Pássaros: nos caminhos do diálogo inter-religioso.* Ambas contêm vastas indicações bibliográficas sobre o assunto. Veja também os artigos de Mário de França Miranda em *Perspectiva Teológica:* "O encontro das religiões", 26(68), jan./abr. 1994, pp. 9-26; "A configuração do Cristianismo num contexto pluri-religioso.", 26(70), set./dez. 1994, pp. 373-387; e "Diálogo inter-religioso e fé cristã", 29(77), jan./abr. 1997, pp. 33-54.

[8] Carl Braaten. "Paul Tillich e a tradição cristã". In: *Paul Tillich. Perspectivas da Teologia Protestante nos Séculos XIX e XX,* p. 27.

[9] Cf. Paul Tillich. *The Future of Religions*. New York-USA, Harper&Row, 1966 (Editado por Jerald C. Brauer).

[10] Cf. Claude Geffré. "Paul Tillich and the future of interreligious ecumenism". In: Raymond F. Bulman & Frederick J. Parrela (eds.). *Paul Tillich: a new catholic assessment*. Collegeville, Minnesota, The Liturgical Press, 1994, p. 268.

[11] Cf. tipologias apresentadas por diferentes estudiosos do assunto, em especial por Jacques Dupuis em "O debate cristológico no contexto do pluralismo religioso". *Diálogo dos Pássaros*, pp. 75-88.

[12] Cf. Claude Geffré, op. cit., p. 271.

[13] In: *The Future of Religions*, pp. 80-94.

[14] Cf. id. ibid., pp. 81-84.

[15] Cf. ST I, p. 50.

[16] Cf. Claude Geffré, op. cit., pp. 273-275.

[17] Cf. id. ibid., pp. 277-280.

[18] Veja Claudio de Oliveira Ribeiro. "O conceito de 'comunidade espiritual' de Paul Tillich e a renovação eclesial latino-americana". *Revista de Cultura Teológica*, 4(15), abr./jun. 1996, pp. 121-126; e "Para repensar a prática das igrejas: uma contribuição sistemática de Paul Tillich". *Fragmentos de Cultura*, 6(17), mai. 1996, pp. 38-48.

[19] Cf. Claude Geffré, op. cit. pp. 281-285. [20] Cf. Paul Tillich. *The Future of Religions*, pp. 86-90.

[21] Apresentei inicialmente essas ideias em "Fé Cristã e Salvação: primeiras reflexões". *Revista Teologia e Cultura*, 4(3-4), 1997/1998, pp. 207-214.

[22] Cf. ST II, p. 165.

[23] Jaci Maraschin, no artigo "A linguagem ontológico-existencialista de Tillich" (*Estudos da Religião,* v. 10, n. 10, jul. 1995, pp. 73-86), situa que "esse ponto de partida tem caracterizado todas as teologias ortodoxas e tradicionais. Na escolha desse lugar teológico fundamental Tillich está longe de inovar. A teologia da Queda e do Pecado Original tem sido utilizada para acentuar o que se poderia chamar de 'experiência de culpa' e a consequente valorização do ministério do perdão. Tem havido e há, no entanto, movimentos que preferem não partir desse ponto mas da 'bênção original', retirando das descrições da existência o pessimismo que a mitologia da queda e do pecado original ressalta. É o conhecido caso de Matthew Fox com sua teologia mais otimista expressa em obras como *Original Blessing – a primer in Creation Spirituality* e *The Coming of the Cosmic Christ* " (p. 76).

[24] Jean Richard, no artigo já citado "The Socialist Tillich and Liberation Theology", também analisa as aproximações e as questões entre a Teologia da Libertação e a de Tillich no tocante à relação entre salvação e libertação. Conclui, entre outros aspectos, que: a) Ambas as perspectivas teológicas representam uma considerável

contribuição para a superação dos dualismos corpo-alma, realidade terrena–realidade celestial e outras formas similares. b) A situação social de opressão e pobreza é, em si mesma, uma situação pecaminosa (e não somente uma consequência do pecado). Nesse sentido, a libertação dessa situação é também, em si mesma, salvação (não somente uma consequência ou resultado da salvação). (cf. 156-162).

[25] In: *Diálogo dos pássaros*, p. 18.

[26] ST II, pp. 165-180.

[27] ST II, pp. 166-167.

[28] "O debate atual sobre o universalismo cristão". *Concilium* (155), 1980, p. 81.

[29] Cf. Paul Tillich. *The Future of Religions*, p. 89.

[30] Cf. ST II, p. 166.

[31] ST II, p. 169. Jacques Dupuis, no debate em torno das religiões, indica que: "Na realidade, o cristocentrismo da tradição cristã não se opõe ao teocentrismo. Não coloca jamais Jesus no lugar de Deus; afirma somente que Deus colocou-o no centro de seu plano de salvação para a humanidade, não como fim último, mas como caminho, não como a meta de toda a busca humana de Deus, mas como mediador universal da ação salvadora de Deus para com a humanidade. A teologia cristã não se encontra, então, face a um dilema: ser cristocêntrica ou teocêntrica. Ela é teocêntrica sendo cristocêntrica e vice-versa. Isto quer dizer que Jesus Cristo é o sacramento do encontro de Deus com os homens.". "O Debate Cristológico no Contexto do Pluralismo Religioso". In: *Diálogo dos Pássaros*, pp. 83-84.

[32] *Deus numa Economia sem Coração*. São Paulo-SP, Paulinas, 1992, p. 124

[33] Jean Richard. "The Socialist Tillich and Liberation Theology", p. 167.

[34] *Desejo, Mercado e Religião*. São Paulo-SP, Fonte Editorial, 2010, pp. 131-132.

[35] É amplíssima e conhecida a bibliografia sobre a renovação teológica e eclesial latino-americana, que dispensa referências.

[36] Veja: Jean Richard. "The Socialist Tillich and Liberation Theology" (pp. 148-173). In: Raymond F. Bulman & Frederick J. Parrela (eds.). *Paul Tillich: a new catholic assessment*. Collegeville, Minnesota-USA, The Liturgical Press, 1994.

[37] Aqui e na sequência estamos usando como base a obra *The Socialist Decision*, tradução de Franklin Shermann, Harper & How Publishers, New York, 1977 [= 1977].

[38] Aqui e na sequência estamos tendo como base a obra *The Socialist Decision*. New York-USA, Harper & How Publishers, 1977 [1933]. [Tradução de Franlklin Sherman] [=SD].

[39] Cf. SD, pp. 47-93.

[40] Cf. SD, pp. 97-112.

[41] Cf. Carlos Bravo Gallardo. *Jesús hombre en conflicto*. México-México, Ed. Centro de Reflexão Teológica, 1986 e Xavier Alegre. "Marcos ou a correção de uma ideologia triunfalista: chave de leitura de um evangelho beligerante e comprometido". *A*

Palavra na Vida (8), CEBI, 1988. Veja também os artigos de Celso Loraschi. "Jesus e as comunidades: caminho de amor e vida – o novo povo de Deus na perspectiva do Evangelho de Marcos". *Encontros Teológicos* (21), pp. 30-37 e de Gilberto Gorgulho. "O caminho e o seguimento de Jesus". *Revista Eclesiástica Brasileira*, 44(174), jun. 1984, pp. 25-37 (*Estudos Bíblicos* (2)); de Aírton José da Silva. "O relato de uma prática: roteiro para uma leitura de Marcos", pp. 11-21; e de Valmor Oliveira de Azevedo. "Uma leitura do Evangelho de Marcos: a força pedagógica da articulação global do Evangelho de Marcos", pp. 23-30; publicados em *Estudos Bíblicos* (22), 1989.

[42] Nesse sentido, Hans Küng indica aspectos que confluem na compreensão da perspectiva teológica latino-americana, em especial o caráter eminentemente conflitivo do Reino de Deus quando comparado com expressões opressivas da realidade social: "O fim violento de Jesus estava na lógica desse seu posicionamento perante Deus e o homem. Sua violenta paixão foi reação dos guardas da lei, do direito e da moral à sua ação não violenta: a morte na cruz torna-se consumação da maldição, Jesus torna-se o representante dos violadores da lei, dos pecadores. Ele morre abandonado por Deus e pelos homens". *Vinte Teses Sobre o Ser Cristão*. Petrópolis-RJ, Vozes, 1979 [1975], p. 38.

[43] Entre diferentes autores e obras, veja: *Cristãos rumo ao Século XXI: nova caminhada de libertação,* de José Comblin. São Paulo-SP, Paulus, 1996.

[44] Sob perspectivas teológicas distintas da que agora trato, veja outras reflexões eclesiológicas que apresentei em: "Comunidade e massa: tensões, contradições e desafios para as igrejas". *Estudos Bíblicos* (55), 1997, pp. 9-28. Vozes/Sinodal; "Igreja como comunidade profética: uma perspectiva evangélica". *Estudos Teológicos,* 37(1), 1997, pp. 62-72. Fac. Teologia da IECLB; "A provisoriedade da Igreja: uma contribuição teológica de Karl Barth". *Fragmentos de Cultura,* 8(2), mar/abr 1998, pp. 443-470. IFITEG; "Challenges for Mission: A Latin-American Protestant approach to the building of community life – as an understanding of mission – in the context of neoliberalism". *Voices,* XXIII (2), December 2000, pp. 97-151. Especificamente a partir do pensamento de Tillich veja o que apresentei em "O conceito de 'comunidade espiritual' de Paul Tillich e a renovação eclesial latino-americana". *Revista de Cultura Teológica*, 4(15), abr./jun. 1996, pp. 121-128; e em "Para repensar a prática das igrejas: uma contribuição sistemática de Paul Tillich". *Fragmentos de Cultura,* 6(17), mai. 1996, pp. 39-48.

[45] Jean Richard. Op. cit., p. 154.

[46] Idem, p. 155.

[47] Veja, entre outras, as obras de Franz Hinkelammert e Hugo Assmann (*A Idolatria do Mercado: ensaio sobre economia e teologia*. Petrópolis-RJ, Vozes, 1989); de Franz Hinkelammert (*As armas ideológicas da morte*. São Paulo-SP, Paulinas, 1983;

Crítica à razão utópica. São Paulo-SP, Paulinas, 1986; *Sacrifícios humanos e sociedade ocidental: Lúcifer e a Besta*. São Paulo-SP, Paulus, 1995); de Hugo Assmann (*Desafios e Falácias: ensaios sobre a conjuntura atual*. São Paulo-SP, Paulinas, 1991; *Crítica à Lógica da Exclusão: ensaio sobre teologia e economia*. São Paulo-SP, Paulus, 1994); de Júlio de Santa Ana (*O Amor e as Paixões: crítica teológica à economia política*. Aparecida-SP, Ed. Santuário, 1989); e de Jung Mo Sung (*Teologia e Economia: repensando a Teologia da Libertação e Utopias*. São Paulo-SP, Fonte Editorial, 2008; *A Idolatria do Capital e a Morte dos Pobres*. São Paulo-SP, Paulinas, 1989; *Deus numa Sociedade sem Coração*. São Paulo-SP, Paulinas, 1992; *Se Deus existe por que há pobreza? A fé cristã e os excluídos* São Paulo-SP, Paulinas, 1995; *Desejo, Mercado e Religião*. São Paulo-SP, Fonte Editorial, 2010).

[48] Cf. Jung Mo Sung, *Teologia e Economia: repensando a teologia da libertação e utopias*. São Paulo-SP, Fonte Editorial, 2008.

[49] A bibliografia sobre o fenômeno pentecostal e similares tem sido relativamente abundante. Destaco, para uma visão geral, as seguintes obras: VVAA *Nem anjos nem demônios: interpretações sociológicas do pentecostalismo*. Petrópolis-RJ, Vozes, 1994; VVAA *Pentecostes e Nova Era: fronteiras, passagens. Religião e Sociedade* (17/1-2). Rio de Janeiro-RJ, ISER, 1994; Luis de Castro Campos Jr. *Pentecostalismo: sentidos da palavra divina*. Rio de Janeiro-RJ, Ática, 1995; André Corten. *Os pobres e o Espírito Santo: o pentecostalismo no Brasil*. Petrópolis-RJ, Vozes, 1996; Francisco Cartaxo Rolim. *Pentecostalismo: Brasil e América Latina*. Petrópolis-RJ, Vozes, 1995; Benjamim Gutiérrez & Leonildo Silveira Campos (ed.). *Na força do Espírito: os pentecostais na América Latina – um desafio às igrejas históricas*. São Paulo-SP, AIPRAL/IEPG, 1996; Antônio Gouvêa Mendonça. *Protestantes, Pentecostais & Ecumênicos*. São Bernardo do Campo-SP, UMESP, 1997; Leonildo Silveira Campos. *Templo, Teatro e Mercado*. São Bernardo do Campo-SP, UMESP/Vozes/Simpósio, 1997; Ari Pedro Oro. *Avanço pentecostal e reação católica*. Petrópolis-RJ, Vozes, 1996; Margarida Oliva. *O Diabo no "Reino de Deus": porque proliferam as seitas?* São Paulo-SP, Ed. Musa, 1997; VVAA. *Estratégias Religiosas na Sociedade Brasileira. Estudos de Religião*, 12(15), dez. 1998; Waldo Cesar & Richard Shaull. *Pentecostalismo e Futuro das Igrejas Cristãs: Promessas e Desafios*. Petrópolis-RJ/São Leopoldo-RS, Vozes/Sinodal, 1999; Ricardo Mariano. *Neopentecostalismo: Sociologia do novo pentecostalismo no Brasil*. São Paulo-SP, Loyola, 1999.

[50] Nos ambientes pastorais, a expressão "excluídos" obteve destaque. A Conferência Nacional dos Bispos do Brasil, da Igreja Católica Romana, por exemplo, ainda em 1995, lançou como tema de sua Campanha da Fraternidade, realizada nacionalmente todos os anos, a "Fraternidade e os Excluídos". Outros grupos, católicos e protestantes, têm trabalhado sob essa temática. Um primeiro conjunto de textos sobre o assunto foi organizado anteriormente na revista *Tempo e Presença* sob o título "Os excluídos do sistema" (no 268, mar./abr. 1993).

CAPÍTULO III
Uma espiritualidade bíblica nos dias de hoje[1]

Introdução

A reflexão metodológica e teológica em torno das questões sobre o Reino de Deus e a história nos remete, por diferentes razões, ao tema da espiritualidade. Aliás, os setores com perfis mais conservadores, tanto política como eclesialmente, em geral afirmam - sem grandes cuidados - que "a Teologia da Libertação não tem espiritualidade". Será tal afirmação verdadeira? Com muita certeza, não. Mas, por que será que afirmam assim? Obviamente, há elementos ideológicos, políticos e outros por detrás dessa "acusação". Mas, o fio que desejamos puxar é a relação difícil entre a teologia, devido às suas bases racionais constitutivas, e as formas mais autênticas e libertadoras de espiritualidade.

Permita-me uma percepção mais subjetiva. Quando criança, eu ouvia de minha avó, mulher simples e de muita sabedoria e sensibilidade espiritual, as perguntas dela sobre uma expressão escatológica comum na época: "de mil passará, dois mil não chegará". Tratava-se das expectativas, com décadas de antecedência, daquilo que estava por vir com o novo milênio. Direta ou indiretamente, tais expectativas de um fim próximo ou iminente geravam formas de espiritualidade marcadas por despojamento e simplicidade de vida, pela entrega a Deus dos destinos da vida e do mundo, pela ânsia de compreender a Bíblia e de ler os sinais dos tempos.

129

O século XXI chegou e derrubou a referida "profecia". Ao mesmo tempo, as expressões de espiritualidade se diversificaram, os desafios teológicos e pastorais se tornaram ainda mais complexos, e o novo século passou a exigir novas compreensões da fé e um discernimento mais profundo no campo da espiritualidade.

Assim como nos demais campos da teologia, para refletir sobre espiritualidade, se impõem o estudo aprofundado e a leitura adequada da Bíblia, obviamente considerando os padrões da racionalidade moderna e pós-moderna. Ainda que modestamente, esperamos indicar um pequeno 'mapa' das questões relacionadas ao tema Bíblia e espiritualidade no Século XXI. Em um primeiro momento, destacaremos a espiritualidade como dom de Deus, como 'clima' que nos possibilita viver a vida, interpretando os seus desafios, dilemas e possibilidades.

Ao procurar 'ajustar' melhor o foco de nossa reflexão, indicaremos, em um segundo momento, de forma panorâmica, aspectos históricos e metodológicos dos encontros e desencontros entre formas de espiritualidade, a Bíblia e a reflexão teológica. Em síntese, nos orientamos pela ideia – reserva riquíssima da Teologia Latino-americana da Libertação - de que a fé sem a vida é morta.

Como que arriscando um exercício, nos aventuramos a partilhar e a seguir o caminho trilhado pelo teólogo Gustavo Gutiérrez que ousou "falar de Deus a partir do sofrimento do inocente", marca essencial da espiritualidade bíblica.

Em uma perspectiva mais prática, indicamos ainda dois aspectos fundamentais para a teologia e pastoral latino-americanas: a necessidade de se constituir uma mentalidade ecumênica que perpasse e fundamente todos os projetos da vida e a necessidade do fortalecimento da prática da cidadania e da valorização do cotidiano como espaço de libertação.

1. Identidade e pressupostos da espiritualidade bíblica
1.1. Primeira pressuposição: a espiritualidade humana é dom de Deus

Dentro de uma série de aspectos que marcam a vivência humana está a incessante busca de superação de limites, do ir além das contingências e das ambiguidades históricas, da procura por absolutos que possam redimensionar a relatividade e a precariedade da vida. As experiências religiosas, historicamente, pretenderam e pretendem possibilitar respostas para essa busca. Na diversidade de tais experiências confluem elementos os mais diversos, desde os preponderantemente numinosos, "santos", espontâneos e indicadores de uma transcendência até aqueles marcadamente ideológicos, facilmente identificados como reprodução de filosofias ou culturas, e artificialmente criados.

O olhar crítico das teologias modernas e contemporâneas produziu uma saudável distinção entre a fé e a religião. É fato que tal relação é complexa e possui numerosas implicações, mas, no que diz respeito à reflexão proposta, é preciso afirmar que a primeira, a fé, requer uma espiritualidade que, embora seja autenticamente humana, vem de uma realidade que transcende as engrenagens históricas. Ela é recebida, acolhida. A espiritualidade humana, irmã da fé, é dom de Deus.

Nas reflexões teológicas mais recentes tem sido cada vez mais comum a indicação de que a fé é antropológica, como nos indicou o teólogo Juan Luiz Segundo, e que pode tornar-se religião. A experiência religiosa não é desvalorizada com a referida distinção da fé. Ao contrário, a religião é um meio pelo qual a fé antropológica se efetua. Ela está ao lado de outras expressões humanas, todas ideológicas – no sentido positivo da palavra – que podem contribuir muitíssimo para o cumprimento da vontade de Deus para a vida humana e toda a criação, assim como podem, em certos casos, inibir a realização do amor de Deus na vida humana e no mundo.

Nesse sentido, o olhar teológico se detém nas realidades humanas e históricas para discernir as formas religiosas e culturais e compreender o que elas mostram ou o que elas ocultam. Ao mesmo tempo, a teologia movimenta-se para o 'alto' e para o 'profundo' da vida para perceber o dom gratuito de Deus doador de sentido e de significado último para a humanidade e para o cosmo. O que desejamos é que a teologia não perca o seu caráter espiritual, mesmo que ande pelas mais áridas veredas da racionalidade científica.

1.2. Segunda pressuposição: viver é interpretar

Como não podemos nos abstrair da vida para fazer o julgamento que em geral desejamos fazer sobre ela – preciso, verdadeiro, calculado, irrefutável – a espiritualidade, como clima da fé, ganha os contornos que, se estivermos atentos para perceber, constituem a sua própria natureza: o de aventura (*ad ventura*). A espiritualidade é uma forma de viver. É fato que ela possui fontes bem delimitadas, mas, quais os relatos, os escritos, os dogmas, os testemunhos que não foram ou não são interpretados diversamente, por vezes até mesmo antagonicamente? Portanto, não basta dizer que a Bíblia ou determinada tradição é a fonte da espiritualidade. Deus fala ao ser humano 'um pouquinho antes'.

Defendemos que há um círculo hermenêutico, uma interpretação, que orienta a reflexão teológica e a vivência da fé cujo ponto de impacto (para não dizer início em respeito à noção de círculo) é o *sentir*. Não se trata de subjetivismo nem de arbitrariedade individualista. Trata-se do encontro do humano com a Presença Espiritual, na linguagem de Paul Tillich, que o mobiliza e o direciona para a realidade transcendente da vida, imperativo último para um processo efetivo de humanização, de realização da justiça e de manifestação do amor. Tal abertura existencial condiciona as compreensões da vida, da Bíblia, da tradição e do agir humano.

Nesse sentido, podemos falar que *viver é interpretar* e que as hermenêuticas podem ser direcionadas para práticas libertadoras ou para as que geram formas autoritárias, repressivas, alienantes, preconceituosas ou violentas. Uma religiosidade mesmo com referência à Bíblia ou a uma doutrina específica pode ter, por exemplo, contato com pessoas e famílias pobres e não perceber nelas os anunciadores privilegiados do Evangelho. Da mesma forma, como podem olhar uma pessoa desprovida das condições básicas da vida, como o trabalho, e verem nisso um fruto da falta de fé da pessoa em questão. Ou ver o sistema capitalista e o admirá-lo, pois ele pode dar condições de prosperidade para as pessoas que nele se adequam devidamente.

Por outro lado, uma espiritualidade baseada na Bíblia, uma vez recebida sob os influxos divinos de uma decisão existencial que valoriza o amor, a justiça e a alteridade em geral produz diferentes frutos. Compreendemos que, pela graça de Deus, *'uma força estranha no ar'* move e remove percepções a ponto de vermos o que não está mostrado: que "um outro mundo é possível", como nos indicaram os Fóruns Sociais Mundiais, que as pessoas têm valor independentemente de suas condições sociais e econômicas, que o amor de Deus é preferencialmente direcionado aos mais pobres, que a paz e a justiça andam juntas, que o amor e o respeito devem prevalecer nas relações humanas, que a salvação vem de Deus e é universal, não se limitando a uma igreja ou religião específicas, que Deus é maior do que todas as coisas. Esse tipo de espiritualidade não se aprende em livros ou conceitos teológicos, filosóficos ou políticos. Ele vem com a fé.

1.3. Terceira pressuposição: a Bíblia como fonte básica da espiritualidade

Portanto, as formas de espiritualidade que valorizam e preservam a vida e os valores fundamentais da fé cristã como a justiça e a paz, a alteridade e a importância do ser humano e a integridade da criação não decorrem mecanicamente da leitura da Bíblia — pois, esta pode ser feita a partir de ideologias, sem conexão profunda com o espírito divino – mas, elas encontram na Bíblia a fonte básica para o estabelecimento de suas bases essenciais. Daí, podermos nos referir como *espiritualidade bíblica* ao conjunto de experiências, explicitamente religiosas ou não, pessoais ou coletivas, que expressam o núcleo central da fé, marcado especialmente pelo despojamento abraâmico, pela solidariedade profética e pelo senso de doação radical visto em Jesus e em seus seguidores.

Ter a Bíblia como fonte básica da reflexão teológica é um pressuposto metodológico de importância singular na teologia moderna. Somam-se a ela a história da Igreja e a história da cultura e das ciências, inclusas aí a diversidade das experiências humanas nos diferentes aspectos socioculturais, científicos e religiosos. Se todas essas dimensões oferecerem 'alimento' para as experiências de espiritualidade, um quadro cada vez mais humanizador será vislumbrado no campo religioso e humano em geral.

A Bíblia, quando lida como 'espelho' da fé, e não como manual dogmático, interpela fundamentalmente a vida humana. Se ela é vista como elemento simbólico profundamente arraigado na experiência humana, e não como manual histórico de mero conhecimento, cada pessoa e cada grupo, ao adentrarem em sua leitura (ou escuta) se coloca também lá dentro. Com isso, nos fazemos novos Adão e Eva, novos Moisés, ainda que sem a mesma pujança de Jesus, mas com as condições mínimas e não isentas de contradições, para rever a vida, modificar rumos, perdoar e sermos misericordiosos.

Observem que esse é um caminho, um método – simples, embora profundamente desafiador – de leitura bíblica que ajude na revitalização da experiência cristã, tanto pessoal como coletiva. *Sentir* a presença viva de Deus na face do próximo e de toda a criação, *ver* a realidade ao nosso redor, com todos os meios racionais e científicos que dispomos, *interpretar* tudo isso procurando discernir bíblica e teologicamente a vontade de Deus para o mundo e *agir* favoravelmente em prol de um "novo céu e nova terra", ao semear no mundo os frutos de amor, de justiça e de paz. Por que não podemos seguir esse caminho?

2. As difíceis relações entre Bíblia, Espiritualidade e Teologia.
2.1. A relação entre espiritualidade e teologia.

O casamento entre a espiritualidade bíblica e a teologia, historicamente, foi marcado mais por dissabores e conflitos do que por uma aproximação harmoniosa. A primeira – a espiritualidade –sempre mais livre e espontânea, tendo a defesa da vida como preocupação última, desinteressada e doadora de sentido à fé nem sempre tem sido como a segunda – a teologia , repleta de critérios racionais, por vezes orientada mais pelos interesses institucionais do que pela manifestação viva do amor e da vontade de Deus, profissional, nem sempre articulada com os desafios que a vida traz. E lá se foram 'por água abaixo' intuições belíssimas de fé entre montanistas, anabatistas, pentecostais por vezes taxadas de heréticas, outras vezes desqualificadas por seus subjetivismos e radicalismos.

Mas, não foram poucos os grupos que, também ao longo da história, estiveram preocupados com esse distanciamento e tensão. A centralidade da Bíblia na reflexão teológica é, por exemplo, devedora de Martinho Lutero, que no século XVI, em uma conjunção de esforços e de desenvolvimento cultural próprios do início da era moderna, possibilitou maior acesso de pessoas à Bíblia. A confluência de vários elementos do itinerário espiritual de Lutero e de grupos reformadores da época – como a ânsia por liberdade, a busca de uma expressão de fé espontânea, o desejo de poder obter a salvação gratuitamente – retomou princípios bíblicos fundamentais em especial o dom gratuito de Deus, revelado em graça e em amor, tais como os escritos paulinos no Novo Testamento anunciam.

Passam-se os séculos, numerosas experiências de cultivo espiritual da vida e da fé são vivenciadas e permanecem as tensões entre as formas mais vivas de espiritualidade e a racionalidade teológica secular moderna. Os séculos XIX e XX levam ao auge tais tensões e abrem um horizonte significativo de melhor compreensão racional e exegética da Bíblia, livrando-a das prisões do universo medieval fantasioso. Vários teólogos dessa época deram passos largos na valorização do estudo crítico da Bíblia, mas precisaram que outros, como Karl Barth, voltassem aos princípios da Reforma ao destacar, por exemplo, a centralidade da Bíblia na vida da Igreja e na vivência da fé.

Mesmo com todo o relevo concedido à Bíblia, a racionalidade e o formalismo tão presentes nas teologias e experiências eclesiais do início do século XX, tanto no campo católico-romano como no protestante, não impediram que reações fortíssimas surgissem apresentadas como defesa da fé e da espiritualidade. Os fundamentalismos do final do século XIX no catolicismo e os do início do século XX no protestantismo até que falaram com ênfase sobre a Bíblia, mas não parecem ter favorecido a manifestação da espiritualidade bíblica, tal como temos nos referido desde o princípio. Tais rios de espiritualidades mais fechadas e pouco dialógicas desembocaram com ondas parecidas às do mar no quadro religioso brasileiro e mundial na virada para o Século XXI e hoje temos de navegar sobre elas.

Mística é a palavra cada vez mais recorrente na sociedade brasileira. Nesse mesmo quadro temos as Igrejas tradicionais perplexas sem saber o que fazer diante da sede do povo pelo inexplicável, grupos de cristãos politizados igualmente perdidos, sem referenciais claros para uma ação pastoral efetiva na sociedade, e ávidos para descobrirem por que as igrejas pentecostais e os movimentos de renovação religiosa mobilizam enormemente os diferentes setores sociais e proporções consideráveis da população.

De fato, a vivência religiosa no Brasil sofreu, nas últimas décadas, fortes mudanças. Alguns aspectos deste novo perfil devem-se à multiplicação dos grupos orientais, à afirmação religiosa afro-brasileira, ao fortalecimento institucional dos movimentos católicos de renovação carismática, às expressões espiritualistas e mágicas que se configuram em torno da chamada Nova Era, à mística literária de autores como Paulo Coelho, e ao crescimento evangélico, em especial, o das igrejas e movimentos pentecostais. E, confessemos, são estes últimos os que mais habitam nossos sonhos e pesadelos.

Espera-se que a reflexão teológica e os esforços pastorais contribuam decisivamente para que a espiritualidade bíblica possa ser difundida e vivenciada em todas as comunidades, grupos, projetos e instituições no transcorrer desse novo século.

2.2. A relação entre fé e vida.

Como se sabe, o século XX foi de muitas mudanças e movimentações sociais, políticas, culturais e religiosas. Os grupos e os movimentos bíblicos, ainda na primeira metade do século trouxeram vitalidade eclesial e novas formas de espiritualidade. Os grupos bíblicos católico-romanos desembocaram com vigor nas preparações do Concílio Vaticano II (1962–65) e se constituíram em interpelação legítima para que uma nova compreensão eclesiológica florescesse. Os grupos protestantes ofereceram inspiração de fé para diversos empreendimentos missionários, para a cooperação ecumênica e tantas formas de "Evangelho Social", espalhadas no mundo inteiro.

Em terras brasileiras e em outros cantos latino-americanos, multiplicam-se, desde a primeira metade do Século XX, as iniciativas de renovação bíblica. Nos momentos de perplexidade e de busca de novos referenciais, coube ao exercício teológico ouvir as perguntas da fé e procurar explicitar o conteúdo dela, vivenciada por milhões de pobres e marginalizados — conforme é a vocação da teologia. Surgem, então, ainda nos anos cinquenta, os questionamentos do teólogo protestante Richard Shaull, um dos precursores da Teologia da Libertação: "Onde Deus está agindo, hoje?". Surgem também os círculos bíblicos, no contexto da pastoral popular católica. E com a mesma pergunta ("Deus, onde estás?") Carlos Mesters, teólogo católico, apresenta em um significativo livro com esse título os conteúdos da Bíblia, fonte de uma nova espiritualidade. Tal obra, de 1971, é demonstrativa de uma nova forma de compreender a fé. Trata-se de uma espiritualidade vivida na aproximação entre a vida e a Bíblia.

O próprio Mesters ajudou a popularizar a noção de que Deus escreveu dois livros. O primeiro, a vida, com todas as inquietudes, limites, possibilidades e realizações que ela possui. Nela, Deus manifestou a sua graça e amor, manteve relacionamentos e revelou sonhos e desejos. Depois escreveu a Bíblia, com a mesma riqueza e diversidade, com o mesmo pulsar da fé e da esperança. A intuição dessa perspectiva teológica é que as pessoas pobres, dada a vulnerabilidade da vida, estão mais abertas à fé, vivem o despojamento e a solidariedade devido às contingências humanas. Aprendem, assim, o Evangelho e passam a ser portadores privilegiados da mensagem de salvação. Isso está "Por trás das Palavras" (nome do memorável livro de Mesters, de 1974) e é "uma explicação da Bíblia a partir do povo", subtítulo igualmente sugestivo da obra *Flor Sem Defesa* (1983), no auge da organização dos grupos populares de re-leitura bíblica no Brasil.

Os círculos bíblicos e a vivência das comunidades eclesiais de base e de grupos evangélicos ecumênicos construíram uma história e desenvolveram uma espiritualidade própria. Na situação eclesial de hoje eles estão vivos, ora com expressão social e eclesiástica mais nítida, ora "escondidos em três medidas de farinha", como está expresso no Evangelho. Há muitas limitações e simplificações pastorais, mas há também uma riqueza espiritual profunda que perpassa as décadas e alimenta práticas sociais consistentes, como a dos trabalhadores rurais sem terra, por exemplo, ou novas formas de cultivar a espiritualidade bíblica de grupos, por vezes em dispersão e diáspora na gigantesca e assustadora realidade urbana.

2.3. A norma teológica: o Êxodo e a Sabedoria.

Diante desse quadro, novos referenciais teológicos precisam ser buscados, pois os modelos atuais, como já referido, sofreram reducionismos, simplificações demasiadas, e parecem não mais atender adequadamente aos novos desafios pastorais. Dessa forma, a produção teológica latino-americana pode ser aprofundada e adquirir novos estágios cada vez mais relevantes.

Consideramos que a experiência da pessoa ou grupo que se dedica à teologia se constitui o *meio* da reflexão teológica. Ela não pode ser confundida com a *fonte*, pois assim deslocaria a centralidade da Palavra de Deus nas respostas teológicas necessárias para a vida humana. Há dois extremos desse procedimento. O primeiro, quando a experiência religiosa ou cultural torna-se tão restrita a ponto de o resultado da reflexão teológica se constituir em um fundamentalismo com mera repetição de conteúdos em vez de de ser uma transformação e atualização da mensagem bíblica (o *kerigma*). O segundo é que tal experiência não pode ser tão ampla a ponto de o resultado teológico ser um tipo de 'nova revelação'. Tal dilema é por demais complexo uma vez que, no campo da experiência, reside o espírito humano, e a identificação deste com o Espírito divino como se fosse uma só realidade possibilita a idolatria, o que contraria os princípios bíblicos. Então, precisamos andar em uma 'corda bamba', que ao mesmo tempo valoriza a experiência humana (religiosa ou geral), mas não a coloca como ponto central de tudo, mas sempre como um *meio* provisório para se achegar a Deus.

Ao seguir tais indicações, torna-se urgente e premente para a teologia latino-americana, uma vez mais, o exercício permanente de retomada do círculo teológico que faz surgir uma nova visão do mundo e da fé, que compreende a realidade da vida a partir de uma análise racional e científica e possui na reflexão bíblica uma especificidade teológica fundamental geradora de uma prática social e eclesial libertadora.

Para tanto, a leitura da Bíblia, como marca fundamental da produção teológica latino-americana, necessita, cada vez mais, ser aprofundada, evitando simplificações e repetições mecânicas. Além disso, como já referido, a norma bíblica não pode ser substituída pela experiência (seja de teólogos, de teólogas ou de grupos eclesiais), mesmo que esta vivência possua a densidade evangélica de ser vivida a partir de uma autêntica e expressiva opção preferencial pelas pessoas pobres. A centralidade da Palavra de Deus, que caracteriza o método teológico latino-americano, requer, em função de sua articulação com as questões advindas da realidade social, a formulação de uma norma bíblica que reoriente a produção teológica. Será possível criarmos uma teologia mais espiritual e uma espiritualidade mais teológica? Ou estamos destinados a separarmos sempre essas duas dimensões tão importantes para a fé?

A perspectiva de espiritualidade que defendemos aqui está em sintonia com as questões sobre o método teológico que consiste na procura de respostas às questões prementes da situação vivida pela humanidade. Para isso, como vimos, a teologia recorre à Bíblia, como fonte básica para a reflexão, assim como ao quadro histórico da Igreja, da religião e da cultura. Os conteúdos provenientes dessas fontes são existencialmente recebidos por intermédio da experiência de cada pessoa ou grupo. A partir desse encontro entre a Igreja e a mensagem bíblica, são constituídas normas teológicas. Estas não se confundem com a Bíblia, mas são derivadas dela na medida em que a Igreja necessita decidir, consciente ou inconscientemente, ante as demandas surgidas pelo encontro com a mensagem cristã.

No caso latino-americano, a referência bíblica do Êxodo (em profunda sintonia com os movimentos de libertação social e política, próprios dos anos de 1960 a 80) deve estar ao lado, em sentido de alargamento hermenêutico, das referências bíblicas em torno dos escritos sapienciais (Sabedoria). Isso se requer devido a uma busca de maior sintonia com as questões suscitadas pela situação de degradação humana vivida em meio aos processos socioeconômicos do contexto de exclusão social próprio do neoliberalismo econômico.

A temática da sabedoria redimensiona aspectos que a dimensão da responsabilidade social e política da fé cristã poderia, em tese, tornar alvo de pragmatismos e de instrumentalizações sociopolíticas indevidas. Política e poder são coisas muito positivas para a fé, mas às vezes nos corrompem. Aí é preciso: sabedoria. Além disso, o caráter bíblico-teológico sapiencial realça as dimensões profundas da existência humana, tal como se encontra ressaltado em várias visões teológicas de forte cunho existencial em diferentes épocas.

A articulação das dimensões sociopolítica e existencial no exercício da fé cristã constitui, portanto, um imperativo. Não se trata de colocar uma dimensão ao lado da outra, mas de articulá-las, integrá-las, torná-las irmãs.

3. Por uma espiritualidade bíblica: "Falar de Deus em meio à pobreza e ao sofrimento".

Falar em sabedoria nos faz lembrar de muitas pessoas e grupos. Na Bíblia, por exemplo, temos Jó. "Como sou diferente de Jó!" Mas, ao mesmo tempo, "como gostaria de ser igual a ele!". É uma fonte singular de espiritualidade para os dias de hoje. Para seguir esses trilhos, tomemos emprestadas algumas ideias de Gustavo Gutiérrez. Ele ofereceu, ainda nos anos de 1980[2], indicações substanciais da amplitude de sua produção teológica. Isto se revelava especialmente na fidelidade metodológica ao enfoque da libertação, vivenciada, no entanto, em uma perspectiva de forte cunho bíblico e existencial. Voltemos a nossa atenção para a obra, já citada, *Falar de Deus a partir do sofrimento do inocente,* que reflete sobre o livro de Jó[3].

Ao "falar de Deus a partir de uma situação-limite: o sofrimento do inocente" (p. 21), o autor retoma os referenciais de filosofias e teologias da existência (como Kiekegaard, Heidegger e Tillich). A norma teológica utilizada é de amplitude considerável. Sem abandonar a perspectiva do Êxodo como eixo bíblico-teológico da libertação, Gutiérrez insere-se na perspectiva da sabedoria e da sapiência. Com isso, preconiza reflexões que somente nos anos de 1990 tomariam forma em outros setores teológicos e, mesmo assim, embrionariamente.

Ao analisar o livro de Jó, ele destaca do texto as perspectivas de universalismo, de gratuidade e de reivindicação da justiça. A partir dessas e de outras características constrói uma teologia bíblica cujo tema central é a fé gratuita e desinteressada em Deus. O sofrimento do inocente torna-se uma referência central para testemunhar tal atitude de crer em Deus gratuitamente. Nas palavras de Gutiérrez:

> Como falar de Deus *da condição de pobreza e sofrimento?* Eis a questão proposta no livro de Jó. Um homem justo que vivia na abundância e na felicidade é reduzido à miséria e à enfermidade. A pergunta-chave é então a seguinte: Como falará Jó, dessa situação, de Deus? Recusá-lo-á? Sua justiça e piedade estavam condicionadas a seu bem-estar material? Amaldiçoará a Deus ao perder tudo? (p. 41).
> Não há circunstância humana, na verdade, que nos coloque mais distantes da aceitação do amor gratuito de Deus que nossa própria experiência do sofrimento, em particular se for injusto. Por isso – sugere o autor do livro de Jó – se, dessa situação limite, um crente for capaz de viver sua fé com desinteresse e encontrar a linguagem adequada para falar de Deus, então o Deus da Bíblia pode ser reconhecido autenticamente pelo ser humano. Essa é a aposta que serve de base ao livro de Jó. (p. 44)
> O livro de Jó revela duas linguagens sobre Deus: a profética e a contemplativa. Gutiérrez está consciente que não se pode "racionalizar" indevidamente uma obra poética. No entanto, na análise do teólogo está identificado que "o poeta busca assim

encontrar uma resposta às perguntas sobre a fé e a existência humana". (p. 48)

Ao comparar a teologia presente no livro de Jó com alguns dos dilemas do racionalismo filosófico, em especial o de Pascal sobre a existência ou a inexistência de Deus, Gutiérrez delimita algumas das necessidades teológico-pastorais do contexto latino-americano. Por suposto, não se trata do "ser ou não ser" próprio do contexto filosófico e teológico que o pensamento moderno moldou especialmente na Europa. O contexto de sofrimento e ao mesmo tempo de intensa religiosidade e fé que demarca a vida humana na América Latina traz, ao invés da questão do "não-ser", a pergunta pela "não-pessoa". A religião vai precisar responder a um contexto marcado por profunda dor e sofrimento, para os quais o ser humano nem sempre encontrará muitas explicações racionais devido a sua fragilidade como pessoa humana.

A contribuição de Jó se destaca, portanto, na medida em que nesse livro

> o assunto gira ao redor da oposição entre uma religião que se fundamenta em direitos e deveres do ser humano a partir de seu comportamento moral, ou uma crença desinteressada que se baseia unicamente na gratuidade do amor de Deus. (...) Em Jó a decisão está entre uma religião que condiciona e calcula a ação de Deus, e uma fé que reconhece a livre iniciativa do amor de Deus. (...) Em Jó ter fé supõe comungar com os sofrimentos humanos, em especial dos mais desvalidos, passar por um combate espiritual e aceitar finalmente que não se pode enclausurar Deus dentro das categorias humanas. (p. 46)

Em Jó trata-se de dizer ao inocente, transido pela dor injusta, que Deus o ama e que seu legítimo reclamo de justiça, para ele e para outros, alcança sua plenitude e urgência no universo da gratuidade. (p. 47)

Falar de Deus em meio à pobreza e ao sofrimento, para além de uma experiência de fé, representa um caminho teológico distinto. Ou seja, a teologia que perpassa a vivência de Jó é uma "recusa a uma maneira de fazer teologia que não leva em conta as situações concretas, o sofrimento e as esperanças dos seres humanos" (p. 61). Trata-se de romper com as visões teológicas idealistas, auto-suficientes e firmadas em jargões, presentes nas diferentes tendências doutrinárias das igrejas, seja o tradicionalismo, o carismatismo ou o progressismo pastoral. Ao que "soa oco" para Jó, ele diz:

> Já ouvi mil discursos semelhantes,
> sois todos consoladores inoportunos.
> "Não há um limite para discursos vazios?
> Que há que te incitas a contestar?"
> Também eu poderia falar como vós,
> se estivésseis em meu lugar;
> poderia acabrunhar-vos com discursos
> levantando sobre vós a cabeça,
> vos reconfortar com palavras,
> e depois deixar de agitar os lábios.
> Se falo, não cessa minha dor;
> se me calo como ela me desaparecerá? (Jó 16: 2-6)

Ao contrário da lógica do gratuito estão, por exemplo, os amigos de Jó – Elifaz, Baldad e Sofar. O contexto doutrinal deles é o da retribuição temporal: "o malvado é castigado e o justo é recompensado por Deus. A relação causa-efeito rege estritamente no universo da moralidade" (p. 52). Exemplar desta concepção ético-religiosa simplista e fortemente individualista é a palavra de Elifaz, no texto do livro de Jó:

144

Recordas-te de um inocente que tenhas perecido?
Onde já se viu que justos fossem exterminados?
Eis minha experiência: Aqueles que cultivam a iniquidade
e semeiam a miséria são também os que as colhem. (Jó 4: 7-8)

A espiritualidade presente no livro de Jó "questiona duramente a doutrina tradicional da retribuição temporal" (p. 50). Daí, a relevância para a atualidade da mensagem de Jó, em particular, e da vivência da gratuidade, em geral.

A centralidade da Palavra na vida das igrejas justifica-se, em parte, pela base profética de suas mensagens. O que a experiência de Jó irá relativizar é a instrumentalização da palavra, o "dizer-para-não-escutar", a mensagem verticalista que oferece respostas sem ouvir as perguntas. No contexto latino-americano, são muitos os grupos que *falam* para conscientizar, converter ou convencer o povo pobre e sofrido. Raros, no entanto, são aqueles que *ouvem* as vozes que emergem do cotidiano das pessoas e famílias marginalizadas social e economicamente e que vivem injustamente no sofrimento. Tal atitude era, exatamente, o que Jó desejava: *ser ouvido*.

Escutai atentamente minhas palavras,
seja este o consolo que me dais.
Permiti que eu fale,
e, quando tiver terminado, zombai à vontade.
(Jó 21: 2-3)

A racionalidade, tendo em vista um projeto de libertação, não pode ser jamais desprezada. No entanto, o equívoco a evitar é a fixação idolátrica da "reta doutrina", o dogmatismo, o racionalismo pragmático da política e/ou da pastoral. Como avaliou Gutiérrez:

Jó não vê claro, mas tem a honestidade e a coragem de buscar. Seus amigos preferem repetir os conceitos que aprenderam num determinado momento, em vez de aproximar-se da vida concreta das pessoas, propor-se perguntas e abrir-se assim a uma melhor compreensão de Deus e de sua palavra (p. 59).

Portanto, a partir da obra *Falar de Deus a partir do sofrimento do inocente: uma reflexão sobre o livro de Jó* é possível indicar, entre tantos outros aspectos, alguns pontos pastorais norteadores de uma renovada prática. A vivência eclesial, por exemplo, necessita superar constantemente o predomínio da razão organizativa em relação à dimensão especificamente religiosa. A pregação evangélica deve suscitar os potenciais de bondade, amor e justiça de cada pessoa, além de observar as dimensões de informalidade, fervor religioso e afetivo presentes na matriz cultural brasileira. Quando a espiritualidade transforma-se em racionalidade pastoral, as pessoas não encontram correspondência em sua expectativa de vivência da fé. Por outro lado, se a espiritualidade é o canal de "troca" com Deus, de auto-salvação do ser humano, ainda que responda à expectativa de multidões, deve ser questionada.

No caso da experiência das igrejas, historicamente, as expressões de gratuidade, próprias da espiritualidade bíblica, não foram favorecidas. As igrejas possuíram – e em sua maioria ainda possuem – uma vivência religiosa marcada por artificialismos e exclusivismos. Essas marcas não favorecem uma prática libertadora (nos moldes dos desafios apresentados pela Teologia Latino-Americana) nem a dimensão da gratuidade (fundamental nas raízes bíblico-teológicas). A espiritualidade "de resultados", própria do moralismo pietista e de uma ética restritiva (teologia da retribuição), mistura-se agora a outra também de "resultados", como gravar discos, fazer shows, ascender socialmente (teologia da prosperidade). Esta realidade tão fortemente presente nas igrejas evangélicas e católica necessita ser objeto de atenção e de reflexão teológica e pastoral.

4. Por uma mentalidade ecumênica

Como indicativo da necessidade de novos paradigmas está a diversificação do quadro religioso e o crescente anseio pelos diálogos inter-religiosos. Este panorama tem implementado novas perspectivas teológicas, mas, igualmente, ainda possui no horizonte a maior parte de suas questões. Estas também necessitam ser formuladas de maneira mais adequada e debatidas. Neste sentido, há duas indicações. A primeira, a importância, no contexto brasileiro, do diálogo inter-religioso como busca de inculturação da fé cristã. A segunda trata da definição sobre a pertinência [a meu ver, impertinência!] do que se tem denominado como macro-ecumenismo, uma vez que isto pode representar uma adjetivação empobrecedora da prática ecumênica.

A perspectiva ecumênica é algo fundamental para todo e qualquer esforço teológico-pastoral. Esta visão, quando vivenciada existencialmente e/ou assumida como elemento básico entre os objetivos, altera profundamente o desenvolvimento de qualquer projeto, iniciativa ou movimento. Em todos os campos da teologia, o dado ecumênico suscita novas e desafiantes questões.

No campo pastoral, à medida que as pessoas e os grupos, nas bases, nas atividades e em encontros, contam com a participação de irmãos e irmãs de outras confissões ou religiões, elas vão mergulhando cada vez mais no universo plural que a sociedade hoje representa. E mais do que isso, aprendem a fugir das respostas rápidas e unívocas e descobrem a existência de formas diferentes de compreender o mundo, a vida e a missão — igualmente válidas.

A presença do "outro" é a dimensão interpeladora da prática ecumênica. Esta presença é desafiadora em diferentes aspectos. O primeiro ponto é a pluralidade. Embora cultuada, é possível assumir as dificuldades que todos os que temos a perspectiva teórica do marxismo ou temos atuado com os referenciais da esquerda política encontramos nesse aspecto. Os reducionismos teóricos e metodológicos de expressiva parcela de agentes de pastoral e de teólogos/as têm sido, muitas vezes, um exemplo de estar "pouco à vontade" nesse ponto. As pessoas que somam em sua trajetória uma experiência ecumênica, regra geral acrescentam aos eventos ou projetos uma sensibilidade distinta de abertura, afetividade e criatividade. Também o aprofundar da vivência ecumênica exige um reordenamento de sentidos e de sensibilidade aos fatos. Trata-se de possuir, como as mulheres, uma outra forma de ver o mundo, a Igreja e Deus.

Outro significado teológico da vivência ecumênica é a referência utópica. A presença em conjunto de pessoas e de grupos com diferentes experiências religiosas aponta para o futuro e, necessariamente, precisa estar deslocada do real. Quando comunidades populares, ainda que de forma incipiente, começam a se unir em torno de uma proposta transformadora e comum, isso se torna uma ação política e profética. A unidade é, portanto, uma tarefa evangélica.

É preciso, portanto, abrir caminhos, dar sinais proféticos de unidade, ainda que pequenos, superando posturas já cristalizadas perante o ecumenismo, como aquela caracterizada por um otimismo festivo que considera a prática ecumênica em estágio avançado e pouco está atenta às limitações e diferenças dos diversos grupos. Ou, como outra postura, marcada por um pessimismo exigente que não considera os avanços do ecumenismo e não valoriza as pequenas iniciativas e possibilidades. A alternativa que se busca visa enxergar a unidade ecumênica numa dimensão histórica: valorizando seu desenvolvimento, limitações e possibilidades.

As pessoas que atuam ecumenicamente, especialmente no campo popular, na grande maioria vivem sua fé por vezes de maneira inédita e fora dos padrões eclesiásticos ou religiosos próprios. Na verdade, muitos pagam elevado ônus pela radicalidade ecumênica e por seus compromissos políticos, nem sempre bem acolhidos pelas ferrugens da dimensão eclesiástica. Alguns são cristãos em diáspora, outros proscritos, todos buscando o novo, como expressão do seguimento de Jesus. Outro aspecto é a fragmentação das experiências. Não há, ainda, elementos de articulação das iniciativas ecumênicas. No Brasil, elas têm sido vividas por todos os cantos do País, todavia de forma diversa, modesta, por vezes embrionária, outras vezes com dimensão política mais acentuada. Algumas experiências conseguem continuidade, outras fragilizam-se com a mudança do líder religioso. Umas têm caráter mais eclesial e gratuito, muitas estão em torno de grupos para estudo da Bíblia. Em alguns lugares, têm-se implementado projetos comuns de formação pastoral e em outros, projetos econômicos.

Dois aspectos dessa diversidade e fragmentação da vivência ecumênica precisam ser ressaltados. Em primeiro lugar, aqueles que questionam a autenticidade do ecumenismo nas bases, por estar, muitas vezes, calcado somente na figura do/a líder ou num pequeno grupo de leigos, precisam considerar que isso pode ser extremamente significativo devido ao caminhar histórico das igrejas e das religiões em geral. Em segundo lugar, é preciso olhar de forma especial e atenta para poder visualizar as vivências ou potencialidades ecumênicas nos diferentes espaços de atuação.

Está indicada, portanto, a tarefa de motivar esse novo olhar, com a sensibilidade necessária para este empreendimento teológico e profético. A fé, o mundo e a missão que articula essas duas realidades precisam estar mergulhados nessa perspectiva plural e ecumênica. Como se sabe, toda renovação é árdua e dolorosa. Isso significa que, se a primavera voltar após o "inverno", será de flores e espinhos.

5. Cidadania e cotidiano

A disseminação do conceito de cidadania é um exemplo prático de ir além das perplexidades. No Brasil, multiplicaram-se nos últimos anos os movimentos por dignidade humana e cidadania, alcançando até mesmo os meios de comunicação social, mesmo considerando os vínculos contraditórios destes com o poder econômico.

Tais movimentos e lutas por cidadania e dignidade conseguem, ainda que incipientemente, articular a ênfase ao global, por um lado, e ao pessoal, por outro. Ou seja, conseguem reunir as demandas estruturais da sociedade com as vividas no cotidiano. O cotidiano passa a ser, em diferentes círculos, elemento privilegiado de atenção dos esforços político-pastorais e teológicos.

Para isso, não basta a reflexão sobre as intenções pessoais. É necessário descobrir como a estruturação social nelas intervém e quais são os conflitos inevitáveis com os interesses dos outros com os quais cada um necessita conviver.

O elemento do cotidiano indica a necessidade de superação das atividades políticas e pastorais usualmente conhecidas como "militância", pela postura solidária, na qual os resultados não são politicamente mensuráveis, nem mesmo projetáveis. Trata-se, sobretudo, de ações orientadas por uma atmosfera de gratuidade.

A ética da responsabilidade solidária atende ao esgotamento da moral essencialista por um lado (própria das sociedades tradicionais) e a subjetivista por outro (próprias das modernas). Esta última substituiu a ética pela técnica, sob o mito de que o progresso é a solução para todos os problemas sociais.

O resultado prático de tudo isso é que a eficácia econômica do sistema de mercado passou a ser critério supremo para todos os juízos morais. Com a identificação da eficácia – um critério técnico – como o critério ético supremo, a discussão ética foi reduzida a uma questão técnica.[4]

Os danos decorrentes desta visão são visíveis: mortes de contingentes consideráveis da população, precariedade e desumanização nos sistemas de saúde, educação e demais áreas vitais da vida humana.

No campo da política, algo semelhante ocorre. Há uma racionalidade que não visa a discussão da moralidade dos objetivos, mas somente a eficácia dos meios a serem utilizados para atingi-los. Mais uma vez a inversão de que os meios justificam os fins. Neste sentido, o que há de mais grave na política moderna, mais do que as eventuais imoralidades, é a sua pretensão de amoralidade, de reger-se por critérios objetivos de decisão e não por valores.

A tecnificação do sistema político no capitalismo (ao lado da burocratização no socialismo) gera danos irreparáveis. A apatia do povo, fruto da falta de estímulo de participação na vida política e da ausência de canais para tanto, é um exemplo. Esta apatia abre espaço para ação de grupos de interesse pela dominação econômica (empresários, fazendeiros, banqueiros) que fazem do Estado o canal de atendimento de interesses privados.

A ética na política é a possibilidade de correção do excesso de formalização do sistema e da renovação deste por intermédio da participação da sociedade civil.[5]

No plano político, frente à necessidade de compreensão da cidadania como um processo, encontra-se uma série diferenciada de desafios. O primeiro deles advém do nível de relacionamento com os setores dirigentes políticos ou econômicos. Isto porque são visíveis as tentativas de cooptação dos movimentos que lutam por cidadania por parte destes setores. Como articular os esforços, sem esvaziá-los de sentido, uma vez que a degradação humana é gerada pelas políticas destes mesmos grupos dirigentes?

Para responder a este desafio surge, portanto, um segundo. Ante a demanda de mudanças éticas no sistema, torna-se necessário o fortalecimento da sociedade civil. Este pode e deve ser uma das mais substanciais contribuições do movimento ecumênico. As igrejas podem exercer o seu papel neste sentido ao educar e possibilitar fóruns ecumênicos, em diferentes níveis, para a cidadania.

Outro aspecto retoma a já mencionada recriação do cotidiano como valor e como espaço de transformação social. Como descobrir, no cotidiano, caminhos concretos para cidadania e a dignidade humana? Como articular as dimensões das micro-experiências com as dimensões do macro nas práticas sociais? São perguntas ainda sem respostas delineadas, mas fundamentais para a pastoral e para o processo político como um todo.

No plano do conhecimento, novas teorias econômicas precisam ser construídas com intuito de combater a pobreza. Da mesma forma, as igrejas, os grupos ecumênicos e as organizações não governamentais podem contribuir em uma soma de esforços, uma vez que, por vezes, reúnem experiência acumulada na reflexão, no acompanhamento de projetos localizados ou nacionais e na produção de conhecimento. Estas novas teorias econômicas, produzidas em parcerias, teriam a ênfase nas práticas de solidariedade, com identificação de atividades econômicas alternativas para os excluídos e perspectivas de recuperação ambiental.

6. Por uma nova linguagem

As reflexões feitas até agora podem nos ajudar em diversos aspectos práticos da vida humana em geral e da vida eclesial em particular. O que dizer dos ideais marcados pelo despojamento, como indicado no início do texto? A espiritualidade bíblica, mesmo vivida em diferentes formas e expressões, converge para esse ideal. Ela requer formas pessoais e coletivas que nos levam a aprender com as pessoas pobres o significado mais profundo da entrega, da disposição em partilhar, da solidariedade e do amor sem limites, mesmo que vivam tais dimensões da fé com intensas contradições.

Assim, diversas motivações e atitudes brotam da leitura da Bíblia e emergem em uma nova espiritualidade. É difícil enumerá-las! Mas, ao reler as páginas desse texto é possível intuir que a espiritualidade bíblica hoje deve, pelo menos, forjar uma prática de discipulado, de seguimento de Jesus, de missionariedade e de valorização da vida, em todos os seus aspectos.

Tais dimensões – ao lado de outros relevantes aspectos – estão presentes em diversos grupos e círculos bíblicos espalhados pelo Brasil afora; católicos, evangélicos e ecumênicos. Neles, a Bíblia não é idolatrada, nem meramente contemplada, mas lida de forma integrada, quando a dimensão mística da fé é articulada com a visão profética. Ao mesmo tempo, a centralidade da Palavra na reflexão sobre a fé requer uma visão global da Bíblia e não fragmentada, em 'pedaços' que são justificados ideologicamente por 'nossa imagem e semelhança'. Não se trata de uma 'receita', mas tal vivência é um indicativo de fugirmos da leitura fundamentalista, autoritária, ao "pé da letra", sem conexão com a realidade da vida.

Nos momentos de perplexidade e de busca de novos referenciais, cabe ao exercício teológico ouvir as perguntas da fé e procurar explicitar o conteúdo dela vivenciado por milhões de pobres e de marginalizados – conforme é a vocação da teologia latino-americana. Urge retomar, após décadas, os constantes questionamentos do teólogo evangélico Richard Shaull, um dos precursores da Teologia da Libertação, ao perguntar: "Onde Deus está agindo?".

Em relação à experiência eclesial dos pobres, talvez seja possível ampliá-la a partir de vivências mais produtoras de felicidade e mais fortemente marcadas pela gratuidade. Vivenciar a devocionalidade da fé, fortalecendo um senso comunitário de expressão religiosa, que construa, até mesmo, uma alternativa ao utilitarismo e ao individualismo presentes na religiosidade popular – pentecostal, católica ou não cristã. Trata-se de buscar novas sínteses entre gratuidade e eficácia, fé e política, que respondam aos anseios do povo.

No campo da pastoral popular, é impressionante a precariedade na qualidade de vida das pessoas. Deus tem ouvido o sofrimento do povo (Êxodo 3) e atuado como consolador e sedutor (Lucas 5.23). Todavia, a racionalidade da pastoral popular tem dificultado fazer o mesmo. Como escutar o povo se ele muitas vezes não fala? Os pobres, para manifestarem sua resistência, quase sempre o fazem a partir de uma produção simbólica – esta é a linguagem do oprimido. Os projetos de conscientização estarão destinados ao insucesso se não mergulharem na tensão com a produção simbólica popular. É preciso descobrir constantemente as "passagens secretas" entre a produção simbólica e a prática material.

As manifestações da cultura não podem ser reduzidas pelo olhar ortodoxo das ciências ou da pastoral. Isso já ocorreu com os modelos de organização popular e redundou em sérios danos à prática política dos grupos de esquerda, à produção teológica e à pastoral popular. As festas, a ruptura irônica e criativa com os padrões sociais, as celebrações, o prazer, as devoções, o cotidiano – sofrido e alegre – revelam o papel da dimensão lúdica na existência humana. E tal é a novidade (Evangelho) – sem a necessidade de instrumentalização –, que surgem daí: reforço de identidade, socialização e um refazer da vida com novas utopias e dignidade.

Esse é um processo árduo e com poucos caminhos trilhados. Requer escutar falas não ditas ou "malditas", sem respostas previamente determinadas, sem dogmatismos. Talvez por isso seja inseguro. Como tarefas teológicas estão colocados: refazer o círculo hermenêutico; ouvir novamente as questões, mergulhar na análise da sociedade como os peixes (e não o olhar superficial das aves) e, humildemente, contribuir para o seu reverso. É possível que estes tempos áridos possam ser reconhecidos como um novo *Kairós*. Um tempo oportuno para a ação de Deus que nos leve a todos a atitudes de revisão e compromisso.

Notas do Capítulo 3

[1] Esse capítulo reúne e sintetiza dois artigos anteriormente escritos: (a) "Abrindo a Bíblia: saborear a Palavra de Deus nos dias de hoje" (pp. 33-52). In: GARCIA RUBIO, Alfonso & AMADO, Joel Portella. *Espiritualidade Cristã em Tempos de Mudança: contribuições teológico-pastorais*. Petrópolis-RJ, Vozes, 2009, (b) "'Um sonho a mais não faz mal': desafios e ideias para se refazer utopias tendo em vista a prática pastoral". *Caminhando*, (14)1, 1°. Sem 2009, pp. 111-124.

[2] Para isso, veja a trilogia do autor: *Beber no Próprio Poço: itinerário espiritual de um povo*. Petrópolis-RJ, Vozes, 1984[1983]; *Falar de Deus a partir do Sofrimento do Inocente: uma reflexão sobre o livro de Jó*. Petrópolis-RJ, Vozes, 1987[1986]; *O Deus da Vida*. São Paulo-SP, Loyola, 1990[1989].

[3] Na sequência, os números das páginas onde há citações estão indicados no próprio texto.

[4] MO SUNG, Jung & CÂNDIDO DA SILVA, Josué. *Conversando sobre ética e sociedade*. Petrópolis-RJ, Vozes, 1995, p. 64.

[5] Cf. idem, ibidem, pp. 41-82.

156

CONSIDERAÇÕES FINAIS

"Se alguém está em Cristo, nova criatura é
as coisas antigas passaram.
Eis que se fizeram novas" (II Coríntios5,17)

"Amanhã será um lindo dia
da mais louca alegria
que se pode imaginar'
(Música popular brasileira).

As reflexões feitas indicam que muitos e variados desafios podem ser elencados. Obviamente, cada contexto de ação e de reflexão determinaria mais precisamente as questões a serem enfrentadas e os passos a seguir. Esse empreendimento tem sido efetuado tanto em nível teórico como no prático, por vezes satisfatoriamente, em outras com deficiências e há também os setores que não estão despertos para a importância deles.

À guisa de conclusão

Tendo em vista uma visão mais geral seria possível indicar alguns desafios que se seguem. Mais uma vez, há que se considerar que uma parte deles tem sido desenvolvida com êxito, outros estão ainda no horizonte. Entre outros aspectos, pode se lembrar dos seguintes pontos:

· A necessidade de identificação constante do "fato maior" que marca a conjuntura socioeconômica e política para, a partir dele, refletir bíblica e teologicamente. A "exclusão social" e não meramente a "dominação social" é o fato que caracteriza a sociedade na atualidade.

· Nas reflexões críticas e nas análises científicas da realidade é de vital importância o destaque para a economia e os efeitos dela nos processos sociais, culturais e políticos.

· A realidade precisa ser compreendida com profundidade, especialmente considerando a complexidade social. A visão bipolar dominados x dominantes é insuficiente para se compreender as questões relativas ao contexto social.

· É necessário interpretar, desde uma perspectiva libertadora, as questões que são suscitadas pelo povo num determinado contexto de "reajuste" socioeconômico.

· Compreender as implicações teológicas e pastorais advindas da relação entre comunidade e massa. Essa dialética possibilita abertura à cultura popular, por uma lado, e autenticidade a partir dos valores básicos do Evangelho, por outro.

· A teologia e a pastoral necessitam integrar e articular as linguagens de natureza "sapiencial-integrativa" e as de caráter "crítico-dialético-profético".

· Há necessidade de se superar os reducionismos antropológicos, que valorizam somente os aspectos mais racionais do ser humano, que podem também gerar formas de autoritarismos, idealismos e machismos.

· Urge uma articulação (e não mera justaposição) de temas especificamente religiosos — como a salvação, o perdão, a escatologia, o louvor — com os políticos e sociais — como a atuação políticas dos cristãos, a solidariedade e outros.

· Diante do crescimento e do fortalecimento dos movimentos religiosos, há necessidade de a teologia relativizar os "sagrados sociológicos" — não atribuindo-lhes uma dimensão sagrada uma vez que a elementos meramente humanos, é, muitas vezes, atribuído artificialmente uma dimensão sagrada — e destacar o "sagrado religioso", ainda que seja impenetrável e misterioso.

· Destacar o horizonte ecumênico necessário para a relevância bíblica e teológica de toda e qualquer iniciativa nos campos pastoral e teológico.

À guisa de confissão

Escrever estas palavras poderia ser tarefa simples se não fosse a consequente necessidade de contribuir para torná-las uma realidade cada vez mais presente. Não se trata de negar todo o ambiente de gratuidade que procuramos indicar nessas páginas; nem de pensar que é possível chegar a Deus por esforços próprios. Mas, significa confessar a disposição de seguir a trilha do Espírito. Todavia, nem seria necessário afirmar que a dedicação pastoral nem sempre possui a intensidade que as demandas da ação missionária requerem; que o espírito fraterno e de compreensão nem sempre é exercido; que nem sempre exercito a solidariedade e a partilha; que a diversidade não é valorizada em todas as circunstâncias.

As reflexões feitas deveriam responder a pergunta inicialmente feita se é possível vivermos uma espiritualidade bíblica nos dias de hoje. Mas, como realizar tal coisa meio a tantas tentações? A cultura firmada no lucro a qualquer preço, na exploração e na coisificação do ser humano, no individualismo e na indiferença, como se sabe, é oposta à fé cristã. Não há como esconder isso. Por outro lado, a fé é fruto do amor. Ela é expressão da graça de Deus. E em nossa cultura – capitalista, no caso – não há nada 'de graça'...

A gratuidade é uma grandeza autônoma, importante em si, que dispensa instrumentalizações, sejam religiosas ou políticas. Nas palavras paulinas: "já não sou mais eu que vivo, pois é Cristo que vive em mim" (Gálatas 2.20). Assim, é possível, acima de tudo, viver a gratuidade gratuitamente, como um "clima" que envolve toda a vivência humana.

Também no Novo Testamento, o Sermão da Montanha indica nas bem-aventuranças (Mateus 5.1-12), que a pureza de coração é, especialmente, esvaziamento dos dogmatismos e imposições. A humildade, como expressão da espiritualidade bíblica, é estar radicalmente envolvido nos processos políticos libertadores, todavia com um sentimento de "servo inútil" e pecador. Trabalhar pela paz, por exemplo, é não fazer da luta o fim último, compreendendo-a apenas como meio provisório sem construir uma mística da luta e sim da justiça da paz e da reconciliação. Como desejo essa espiritualidade! Mas, reconheço estar por demais distante dela...